CADERNO DE APRENDIZAGEM

VOLUME 2

ENSINO FUNDAMENTAL

LÍNGUA PORTUGUESA

IBEP

1ª edição
São Paulo – 2022

Caderno de Aprendizagem
2º ano

Presidência	Jorge Yunes
Diretora editorial	Célia Assis
Coordenadora editorial	Viviane Mendes Gonçalves
Editora	Adriane Gozzo
Assistentes editoriais	Daniela Venerando e Patrícia Mochon Ruiz
Revisoras	Denise Santos e Yara Affonso
Coordenação do projeto	Rebeca Helangela Albuquerque Mendes
Supervisão da produção de conteúdo	Sarah Diva Ipiranga
Produção de conteúdo	Kelly Maria Santos Moreira e Ana Cecilia Machado Dias
Secretaria editorial e processos	Elza Mizue Hata Fujihara
Arte	Aline Benitez
Ilustração	José Luís Juhas | Ilustra Cartoon
Assistente de produção gráfica	Marcelo Ribeiro
Projeto gráfico e capa	Aline Benitez
Ilustração de capa	Vanessa Alexandre
Diagramação	Casa Editorial Maluhy & Co.

Impressão e Acabamento
Oceano Indústria Gráfica e Editora Ltda
Rua Osasco, 644 - Rod. Anhanguera, Km 33
CEP 07753-040 - Cajamar - SP
CNPJ: 67.795.906/0001-10

Dados Internacionais de Catalogação na
Publicação (CIP) de acordo com ISBD

I12c
IBEP - Instituto Brasileiro de Edições Pedagógicas

Caderno de Aprendizagem: Língua Portuguesa / IBEP - Instituto Brasileiro de Edições Pedagógicas. - São Paulo : IBEP - Instituto Brasileiro de Edições Pedagógicas, 2022.
144 p. : il. ; 20,5cm x 27,5cm. – (Caderno de Aprendizagem ; v.2)

ISBN: 978-65-5696-302-0 (aluno)
ISBN: 978-65-5696-303-7 (professor)

1. Ensino Fundamental Anos Iniciais. 2. Livro didático. 3. Língua Portuguesa. 4. Astronomia. 5. Animais. 6. Ciclo de vida. 7. Solo. 8. Som. 9. Luz. I. Título. II. Série.

2022-2779 CDD 372.07
CDU 372.4

Elaborado por Vagner Rodolfo da Silva - CRB-8/9410

Índice para catálogo sistemático:
1. Educação - Ensino fundamental: Livro didático 372.07
2. Educação - Ensino fundamental: Livro didático 372.4

1ª edição – São Paulo – 2022

Rua Gomes de Carvalho, 1306, 12º andar, Vila Olímpia
São Paulo – SP – 04547-005 - Brasil – Tel.: (11) 2799-7799
www.editoraibep.com.br | editoras@ibep-nacional.com.br

APRESENTAÇÃO

Prezado estudante,

Este material foi elaborado para que você possa realizar diversas atividades de Língua Portuguesa para desenvolver mais ainda suas aprendizagens nessa disciplina.

O livro está organizado em sequências. Cada uma delas começa com um texto que pode ser um poema, uma cantiga, uma canção, uma parlenda e até uma imagem. Com base nele, você é estimulado a realizar várias atividades sobre o que entendeu desse texto e de outros aspectos ligados ao ensino de Língua Portuguesa, disciplina tão importante para a sua comunicação com o mundo.

Ao final, nosso Diário de Bordo registra os conhecimentos que foram tratados em cada sequência, permitindo que você os retome caso sinta necessidade.

Temos certeza de que o **Caderno de Aprendizagem** será um grande aliado em seu processo de desenvolvimento escolar.

Bons estudos!

Os editores.

SUMÁRIO

SEQUÊNCIA 1

VAMOS CONVERSAR!

Mariana ganhou uma agenda de presente da avó. Certo dia, resolveu escrever nela o nome de todas as pessoas de sua casa, com o número do telefone e o dia do aniversário.

1. Você sabe para que serve uma agenda? Responda oralmente.

A **agenda** tem como função organizar informações, sejam nomes, números de telefone, datas de aniversário, entre outras. Assim, não deixamos nenhum dado importante passar despercebido!

2. Tente ler em voz alta cada nome da agenda de Mariana.

VAMOS ENTENDER!

1. Veja mais uma vez a agenda de Mariana, na seção anterior.

a) Circule a primeira letra de cada nome da agenda.

b) Você sabia que dentro de algumas palavras podemos encontrar outras? Observe.

MARIANA

c) No nome MARIANA, podemos encontrar algumas palavras. Escreva aquelas que você consegue identificar.

____

____

____

____

____

Para escrever, precisamos de letras! E as letras estão no **alfabeto**.

O alfabeto da língua portuguesa é formado por 26 letras. Nele, temos as **vogais** e as **consoantes**.

2. Veja o alfabeto com as letras maiúsculas e minúsculas nos formatos de imprensa (também conhecido como letra bastão ou de forma) e cursivo (também chamado de manuscrito).

A a	B b	C c	D d
E e	F f	G g	H h
I i	J j	K k	L l
M m	N n	O o	P p
Q q	R r	S s	T t
U u	V v	W w	X x
Y y	Z z		

A a	B b	C c	D d
E e	F f	G g	H h
I i	J j	K k	L l
M m	N n	O o	P p
Q q	R r	S s	T t
U u	V v	W w	X x
Y y	Z z		

a) Escolha 10 letras do alfabeto e escreva nomes de pessoas.

______________________ ______________________

______________________ ______________________

______________________ ______________________

______________________ ______________________

______________________ ______________________

3. Circule de **azul** as letras do quadro que formam seu primeiro nome.

A	B	C	D	E	F	G	H	I
J	K	L	M	N	O	P	Q	R
S	T	U	V	W	X	Y	Z	

4. Escreva seu primeiro nome em letra de imprensa e em letra cursiva. Se precisar, consulte o alfabeto.

Letra de imprensa

____

____

____

____

Letra cursiva

____

____

____

____

5. Circule no quadro os nomes que se repetem.

FÁBIO	Maria	ANA	PAULO	Fábio
SANDRA	FELIPE	JOSÉ	Sandra	Ana
Gustavo	PATRÍCIA	FERNANDA	LIZ	Patrícia
SUZANA	ALFREDO	MAIA	ROBERTO	Alfredo

6. É muito comum os animais receberem um nome. Você tem algum animal de estimação? Qual é o nome dele? Se não tiver, use a imaginação e crie um nome para o animal que você gostaria de ter. Depois, faça um desenho bem bonito dele.

7. Crie um nome para cada animal a seguir e escreva-o em letra de imprensa minúscula na segunda coluna e em letra cursiva minúscula na última coluna. Mas lembre-se: nomes próprios sempre se iniciam com letra maiúscula.

Animal	Letra de imprensa	Letra cursiva
 MUHAMMAD DESTA LAKSANA/SHUTTERSTOCK		

Animal	Letra de imprensa	Letra cursiva
 NATALIA ZELENINA/SHUTTERSTOCK		

VAMOS ESCREVER!

Você já percebeu que, com as letras, podemos escrever nome de pessoas, de animais e muito mais?

Agora, vamos organizar informações em uma página de agenda?

- Descubra o dia do aniversário de 5 amigos. Primeiro, escreva o nome de cada um deles e, depois, a data de aniversário.

DIÁRIO DE BORDO

Nestas atividades, você aprendeu sobre:

- o gênero textual agenda;
- o alfabeto;
- as letras bastão (imprensa ou de forma) e cursiva (manuscrita);
- os nomes de pessoas e animais.

SEQUÊNCIA 2

VAMOS CONVERSAR!

Beto tem 7 anos e resolveu anotar, em uma lista, tudo o que gostaria de fazer nas férias, para aproveitar melhor cada momento.

Veja como ficou a lista dele.

- Ir ao parque de diversões.
- Ir à praia.
- Brincar com meus primos.
- Passear com o cachorro.
- Ajudar minha mãe no jardim.
- Passar uma semana com a vovó.
- Organizar meu quarto.
- Ler dois livros.
- Montar um quebra-cabeça.
- Completar o álbum de figurinhas.
- Comprar um aquário.

1. Quantas coisas Beto pretende fazer nas férias? Conte e registre: ________coisas.

As listas nos ajudam na organização do que devemos fazer. São importantes porque nos fazem lembrar de tudo.

2. Sublinhe na lista do Beto as atividades que têm relação com brincadeiras.

VAMOS ENTENDER!

Como você viu, as listas nos ajudam na organização e até na comunicação sobre algo que queremos fazer.

1. Você precisa fazer uma lista de atividades do seu dia a dia. Observe as opções abaixo e monte sua lista. Se desejar, acrescente outras atividades.

estudar • fazer o dever de casa • passear com meu irmão
ler um livro • jogar *videogame* • brincar
almoçar com minha família • ajudar nas tarefas de casa

____

____

____

____

____

____

____

2. Leia algumas palavras da lista da atividade anterior e faça a separação das sílabas. Observe o modelo.

Palavra	**Separação das sílabas**
estudar	es-tu-dar
tarefa	______________________
irmão	______________________
jogar	______________________
ajudar	______________________

Você já aprendeu que as palavras são formadas por sílabas e as sílabas são formadas por letras. As letras podem ser vogais ou consoantes.

3. Circule de lápis de cor vermelho cada vogal das palavras do quadro e sublinhe de verde as consoantes.

pessoas brincadeiras

passeio

estudo diversão

4. As palavras podem ter uma, duas, três, quatro ou mais sílabas. Leia o nome dos animais e escreva cada sílaba em um quadrinho. Observe a palavra **jacaré**.

jacaré	ja	ca	ré		
galinha	______	______	______	______	______
hipopótamo	______	______	______	______	______
elefante	______	______	______	______	______
grilo	______	______	______	______	______
galo	______	______	______	______	______
rã	______	______	______	______	______
cão	______	______	______	______	______

5. As listas podem ser organizadas de acordo com o alfabeto.

a) Observe a lista de nomes de alguns colegas de turma do Beto.

Arthur
Ney
Gabriel
Luana
Maria
João
Emília
Rafaela

b) Reorganize a lista, colocando os nomes na ordem alfabética.

____

____

____

____

____

____

____

____

6. Separe as sílabas dos nomes e descubra a quantidade de sílabas que forma cada nome.

Nomes	Separação de sílabas	Quantidade de sílabas
Arthur	____________	____________
Ney	____________	____________
Gabriel	____________	____________
Luana	____________	____________
Maria	____________	____________
João	____________	____________
Emília	____________	____________
Rafaela	____________	____________

7. Veja a lista de nomes de algumas frutas que precisam ser compradas.

ALESANDRO14/SHUTTERSTOCK

CVEIV/SHUTTERSTOCK

IVELLY/SHUTTERSTOCK

Maçã
Banana
Cajá
Limão
Framboesa
Laranja
Uva

ALODY/SHUTTERSTOCK

ONYXPRJ/SHUTTERSTOCK

8. Descubra a ordem em que as frutas foram compradas. Veja algumas pistas.

a) A primeira fruta comprada tem a maior quantidade de sílabas. Escreva a resposta, colocando cada sílaba em um quadrinho.

b) Duas frutas cujos nomes têm a mesma quantidade de sílabas foram compradas depois. Preste atenção na quantidade de quadrinhos, pois eles representam a quantidade de sílabas da palavra.

c) As últimas frutas compradas têm 2 sílabas.

VAMOS ESCREVER!

- Vamos criar uma lista de palavras? Escolha, no quadro, o tema para sua lista e escreva 5 palavras. Mas atenção: não pode repetir nenhuma delas!

Amigos	Frutas	Brinquedos
______	______	______
______	______	______
______	______	______
______	______	______
______	______	______
______	______	______

DIÁRIO DE BORDO

Nestas atividades, você aprendeu mais sobre:

- o gênero lista;
- as letras do alfabeto;
- a ordem alfabética;
- a separação silábica.

SEQUÊNCIA 3

VAMOS CONVERSAR!

Lucas convidou os amigos para ir à sua casa e pediu à mãe que fizesse um lanche delicioso e saudável.

Veja a receita que a mãe de Lucas fez.

Coxinha de batata-doce

Ingredientes

- 350 gramas de batata-doce
- 30 gramas de frango desfiado
- Farinha de linhaça

Modo de fazer

Tempere bem o frango desfiado com sal, pimenta e alho. Depois, reserve para o recheio.

Cozinhe bem as batatas-doces, espere esfriar, retire as cascas e amasse com um garfo.

Abra uma pequena quantidade de massa na palma da mão, coloque o frango e feche, modelando o formato de coxinha. Depois, passe na farinha de linhaça. Faça coxinhas enquanto tiver massa e, em seguida, coloque em uma forma para assar. Asse durante 30 minutos e estará pronto!

1. Escreva o nome da receita que a mãe de Lucas preparou.

____

2. Circule os ingredientes utilizados na receita.

Farinha de trigo	Cebola	Farinha de linhaça
Batata-doce	Leite	Frango desfiado

3. Para as receitas ficarem gostosas, a quantidade de cada ingrediente é muito importante! Circule, na receita, os números que indicam as quantidades a serem utilizadas.

4. O que é preciso para fazer uma boa receita? Sublinhe as opções corretas.

   a) Usar qualquer ingrediente.

   b) Escolher os ingredientes.

   c) Seguir o modo de fazer.

   d) Fazer rápido.

   e) Ficar atento ao tempo de forno.

   f) Não medir a quantidade de ingredientes.

5. Você já preparou alguma receita saudável? Qual?

____

____

____

____

____

____

VAMOS ENTENDER!

As **receitas** são um tipo de texto instrucional, o qual nos orienta a fazer algo. A receita **Coxinha de batata-doce** nos ensina a preparar um prato culinário.

1. Leia, em voz alta, e pinte as palavras que fazem parte de uma receita.

preparar | passear | costurar

misturar | ingredientes | subir

forno | cozinhar

2. Relacione as imagens aos nomes dos ingredientes usados na receita.

MARAZE/SHUTTERSTOCK

MAHIRART/SHUTTERSTOCK

GUMMY BEAR/SHUTTERSTOCK

batata-doce | farinha de linhaça | frango

3. Pesquise, na receita, 5 palavras que tenham as letras **C** e **Ç** e escreva cada uma delas.

____

____

____

____

a) Circule em cada palavra a sílaba que tem as letras **C** e **Ç**.

b) Leia as sílabas e perceba o som de cada uma delas.

> Você deve ter notado que a letra **C**, acompanhada de alguma vogal, muda de som. Exemplo: o **C** de **co**zinhe é diferente do **C** de do**ce**.
>
> O **Ç** (cedilha) está sempre acompanhado das vogais **A**, **O**, **U**. Exemplo: o **ÇA** de fa**ça** tem o som parecido com o **CE** de do**ce**.

4. Acrescente a letra **C** às palavras e complete as sílabas.

___abo	___oral
___éu	___omida
___o___o	___ebola
___asa	___achorro
___ama	___in___o
___ereal	___ereja

5. Escreva as palavras que você formou na atividade anterior.

____

____

____

____

6. Leia as pistas, descubra do que estamos falando e escreva sua resposta.

Dica: em todas as respostas há as letras **C** ou **Ç**.

a) Usamos para adoçar algo: ______________________.

b) Há no meio de algumas frutas: ______________________.

c) Quando somos pequenos, somos chamados de:

____.

d) Temos no nosso corpo e ele pulsa: ______________________.

7. Ordene as letras e descubra as palavras que formam o título das receitas. Depois, escreva os títulos nos locais indicados.

a) Suco de | ç | a | í | a |

____

b) Torta de | o | u | r | c | e | a | n |

____

c) Bolinhos de | ã | ç | a | m |

____

VAMOS ESCREVER!

1. Agora que você sabe a diferença entre **C** e **Ç**, complete as frases a seguir, de acordo com as imagens.

a) Minha irmã adora comer ______________________.

INSPIRING/SHUTTERSTOCK

b) Meio-dia é a hora do ______________________.

CUTECUTE/SHUTTERSTOCK

c) No pantanal, vive a ______________________.

FRANKLIN SANTOS DE PAULO/SHUTTERSTOCK

d) Quem não gosta de um ______________________?

GOODSTUDIO/SHUTTERSTOCK

e) Ontem, no circo, assistimos ao espetáculo do ______________________.

KOPIRIN/SHUTTERSTOCK

2. Você estudou o gênero receita. Qual é sua receita favorita? Peça ajuda a algum familiar e escreva essa receita.

Título da receita: ______________________________

Ingredientes:

____

____

____

____

Modo de preparo:

____

____

____

____

____

____

DIÁRIO DE BORDO

Nestas atividades, você aprendeu sobre:

- o gênero receita e a importância de ter bons hábitos alimentares;
- o uso de **C** e **Ç** nas palavras e os sons que essas letras representam.

SEQUÊNCIA 4

VAMOS CONVERSAR!

Você já ouviu falar em bolacha-da-praia? Acompanhe a leitura do professor.

[...]

A bolacha-da-praia, também conhecida como bolacha-do-mar, biscoito-do-mar ou biscoito-da-praia – escolha o seu nome preferido – é, na verdade, um animal. Mais especificamente, é um equinodermo, ou seja, pertence ao mesmo grupo das estrelas-do-mar, dos pepinos-do-mar e dos ouriços-do-mar. As bolachas-da-praia têm o corpo achatado (daí o seu nome popular), com um rígido esqueleto interno chamado "testa".

[...]

Sempre em contato com o fundo do mar, onde costumam se enterrar, elas têm um monte de espinhos bem pequeninos cobrindo o corpo, que funcionam como pés. Na parte de baixo da bolacha-da-praia, algumas fileiras de espinhos se movem como se fossem dedinhos para levar partículas minúsculas de alimento até a boca, que fica bem no meio do corpo.

[...]

COSTA, Henrique Caldeira. Biscoito ou bolacha? *Ciência Hoje das Crianças*, 3 fev. 2020. Disponível em: http://chc.org.br/artigo/biscoito-ou-bolacha/. Acesso em: 14 set. 2021.

1. Agora que você leu sobre a bolacha-da-praia, desenhe em uma folha de papel sulfite como você imagina esse animal e pinte.

2. Em sua opinião, por que a bolacha-da-praia também é conhecida como biscoito-da-praia?

____

____

____

____

____

____

3. Escreva os nomes conhecidos da bolacha-da-praia.

bolacha-da-praia
____
____
____

As informações sobre a bolacha-da-praia foram disponibilizadas por meio de um texto produzido para explicar um assunto não muito conhecido, chamado **texto de divulgação científica**. Normalmente, esse tipo de texto é escrito com informações retiradas de pesquisas científicas e publicadas em revistas, em jornais e na internet.

VAMOS ENTENDER!

1. Em voz alta, leia as palavras do quadro.

bolacha	chá	cachorro	chafariz

- As letras **CH** possuem som parecido ao de qual letra?

☐ X ☐ J

2. Leia as palavras do quadro, acrescente a letra **H** conforme as orientações e forme novas palavras.

Acrescente a letra H depois da letra N	Nova palavra
sono	______
tina	______
mina	______

Acrescente a letra H depois da letra C	Nova palavra
capa	______
cama	______
bico	______

Acrescente a letra H depois da letra L	Nova palavra
bola	______
galo	______
tela	______

A letra **H** escrita após as letras **C**, **L** e **N** forma um novo som, sendo possível criar uma nova palavra.

3. Escreva palavras escritas com **NH**, **LH** e **CH** que você conhece.

4. Resolva a cruzadinha a seguir.

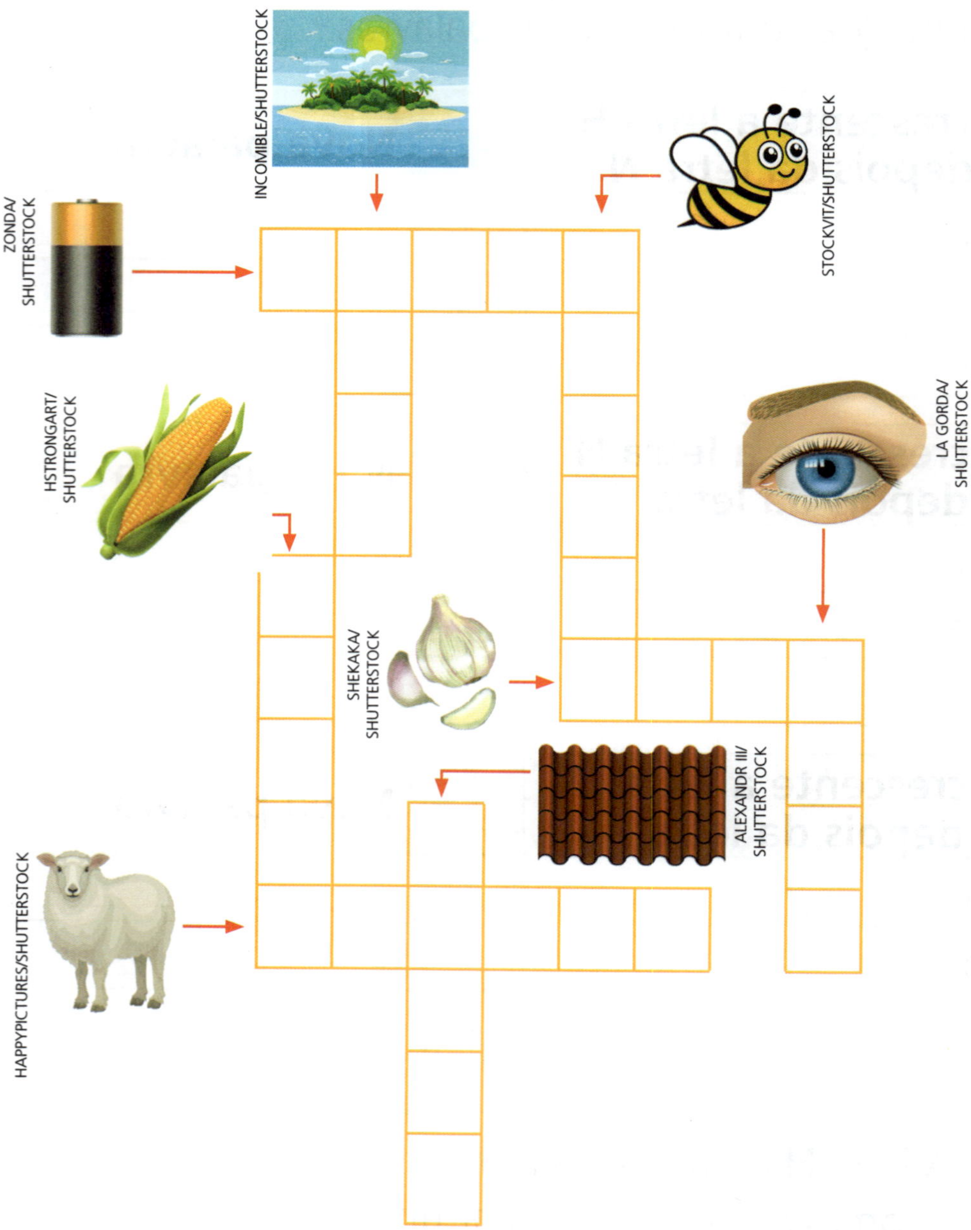

5. Encontre as respostas para este jogo de adivinhação. **Dica:** as respostas são palavras com **NH**, **CH** ou **LH**.

a) O que o elefante tem que os outros bichos não têm?

b) O que sempre entra em casa pela fechadura?

c) O que sempre anda com os pés na cabeça?

6. Leia as palavras a seguir em voz alta.

Galinho

Galhinho

a) Ao pronunciar as duas palavras, você percebeu diferença entre elas?

____

b) Qual é a diferença entre uma palavra e a outra?

____

7. Em festas de aniversário, é comum ouvirmos a expressão "apague as **velinhas**", e algumas pessoas dizerem "coitada da **velhinha**!".

a) Qual é o significado da palavra **velinha**?

____

b) E o significado da palavra **velhinha**?

____

VAMOS ESCREVER!

- Escolha uma das imagens abaixo para ser o tema de seu texto de divulgação científica, pesquisando informações sobre o que tiver escolhido.

REGORMARK/SHUTTERSTOCK

JULIA ZAVALISHINA/SHUTTERSTOCK

VLADIMIR KRAMIN/SHUTTERSTOCK

DIÁRIO DE BORDO

Nestas atividades, você aprendeu sobre:

- o gênero texto de divulgação científica e suas características;
- o uso da letra **H** na formação de sílabas, acompanhada das letras **C**, **N** e **L**.

SEQUÊNCIA 5

VAMOS CONVERSAR!

Trava-língua é uma brincadeira com palavras que faz parte da cultura popular. O texto apresenta palavras formadas por sílabas parecidas, difíceis de pronunciar repetidamente.

Você consegue falar rapidamente os trava-línguas a seguir, sem enrolar a língua?

A aranha arranha o jarro,
O jarro arranha a aranha.

Cultura popular.

O rato roeu a roupa rota do rei de Roma.
E a rainha, com raiva, rasgou o resto.

Cultura popular.

1. Nos dois trava-línguas, qual é a letra que mais se repete e dificulta a leitura?

____

2. Releia os dois trava-línguas da página anterior e, no quadro, organize as palavras escritas com **R** e **RR**.

R	RR
____________	____________
____________	____________
____________	____________

VAMOS ENTENDER!

1. Em voz alta, leia as palavras a seguir.

rei   rato   rainha   roupa

2. Quando a letra **R** estiver no início das palavras, sempre terá um som:

( ) forte.   ( ) fraco.

3. Pinte as palavras em que o **R** tem som forte.

relógio	rede	bandeira	rádio
buraco	garoto	rua	roda

4. Leia mais estas palavras em voz alta e pinte de **amarelo** as letras que vêm antes e depois da letra **R**.

buraco	barro	corrida	carroça
marreco	morango	cenoura	correto
perigo	garrafa	carinho	torrada
celeiro	fazendeiro	marrom	terra

5. A letra **R** das pa lavras da atividade anterior está entre:

☐ vogais. ☐ consoantes.

6. Escrevemos palavras com **RR** entre vogais para representar um som:

☐ forte. ☐ fraco.

7. Escrevemos palavras com um **R** entre vogais para representar um som:

☐ forte. ☐ fraco.

Atenção!

- A letra **R** no início das palavras sempre tem som **forte**.
- Quando a palavra for escrita com um **R** entre vogais, seu som será **fraco**.
- Se o som for **forte entre vogais**, é necessário usar **RR**.

Não esqueça!

- **Não existem** palavras iniciadas com **RR**.

8. Separe as sílabas das palavras. **Lembre-se:** as letras **RR** ficam juntas na palavra, mas fazem parte de sílabas diferentes! Veja o exemplo.

a) Arranha — ar-ra-nha

b) Aranha ____________________

c) Carinho ____________________

d) Carrinho ____________________

e) Careta ____________________

f) Carreta ____________________

g) Vara ____________________

h) Varra ____________________

i) Moro ____________________

j) Morro ____________________

k) Caro ____________________

l) Carro ____________________

9. Descubra o segredo e forme novas palavras.

aranha	________________
________________	carrinho
careta	________________
________________	varra
________________	morro
caro	________________

10. No diagrama, encontre palavras escritas com **R** e **RR**.

T	U	I	O	R	Ã	J	L	O	P
M	B	C	A	R	R	O	P	E	L
R	A	P	A	Z	F	A	U	P	M
A	R	U	R	E	T	R	A	T	O
E	R	É	G	U	A	P	M	I	O
R	I	Y	A	E	O	R	H	U	P
T	G	I	R	A	F	A	A	E	R
M	A	C	A	R	R	Ã	O	F	T

11. Separe as palavras que você encontrou no diagrama e organize nas colunas do quadro.

R	**RR**
______________________	______________________
______________________	______________________
______________________	______________________
______________________	______________________
______________________	______________________

12. Complete as palavras com **R** ou **RR**.

ca ___ ossel	penei ___ a	___ apaz
a ___ a ___ a	gi ___ afa	fe ___ o
___ etrato	___ inoce ___ onte	___ ico
pi ___ ulito	___ apadura	ca ___ oça

13. Pesquise na atividade anterior e escreva:

a) duas palavras com **R** inicial.

____

b) três palavras com **RR**.

____

c) quatro palavras com **R** entre vogais.

____

VAMOS ESCREVER!

1. Observe as palavras:

rato • **r**olha • **r**ua • **r**isco • **r**elógio

ca**rr**o • ba**rr**iga • so**rr**iso • to**rr**e

- Vamos inventar um trava-língua? Você precisa continuar a frase. Para isso, repita palavras com **R** ou **RR**.

A rainha pediu ao rei...

DIÁRIO DE BORDO

Nestas atividades, você aprendeu sobre:

- o gênero trava-língua;
- o uso das letras **R** e **RR** na formação de sílabas e palavras.

SEQUÊNCIA 6

VAMOS CONVERSAR!

Em voz alta, leia, com a ajuda do professor, este poema de Vinicius de Moraes.

O relógio

Passa, tempo, tic-tac
Tic-tac, passa, hora
Chega logo, tic-tac
Tic-tac, e vai-te embora
Passa, tempo
Bem depressa
Não atrasa
Não demora
Que já estou
Muito cansado
Já perdi
Toda a alegria
De fazer
Meu tic-tac
Dia e noite
Noite e dia
Tic-tac
Tic-tac
Tic-tac...

MORAES, Vinicius de. O relógio. *VM Cultural*, Rio de Janeiro. Disponível em: https://www.viniciusdemoraes.com.br/pt-br/poesia/poesias-avulsas/o-relogio. Acesso em: 15 mar. 2022.

1. O poema que você acabou de ler brinca com as palavras e procura criar, com o ritmo e as rimas, o movimento de qual objeto?

- [ ] Relógio.
- [ ] Cama.
- [ ] Telefone.

2. O tempo não para, e estamos sempre com pressa. Qual expressão do poema manifesta o movimento que marca a passagem rápida do tempo?

____

3. Crie uma expressão que possa transmitir a ideia de tempo.

____

____

____

____

VAMOS ENTENDER!

1. Preste atenção na palavra destacada.

> Não **atrasa**
> Não demora

a) A letra **S** aparece entre vogais ou consoantes?

____

b) A letra **S**, entre vogais, representa qual som?

____

2. Leia em voz alta.

> **Passa**, tempo
> Bem **depressa**

- As letras **SS** aparecem entre:

☐ vogais. ☐ consoantes.

3. Para a palavra ter som de **S** entre vogais, é necessário escrevê-la com: ______________.

4. Escreva três palavras que comecem com a letra **S**. Observe o exemplo.

saudade ______________________ ______________________

______________________ ______________________

Agora, você já sabe que:

- a letra **S** no início das palavras sempre tem som de **S**;

sapo | **sé**rio | **si**nal | **so**no | **su**miço

- quando a palavra for escrita com um **S** entre vogais, seu som será de **Z**;

me**sa** | ra**so** | ca**se**bre | avi**so** | ra**su**ra

- se o som for de **S** entre vogais, é necessário usar **SS**.

a**ss**ado | cla**ss**e | o**ss**o | po**ss**uir | ma**ss**a

Atenção: não existe palavra iniciada com **SS**.

5. Escreva o nome do que aparece nas imagens.

TANACHAI CHAISRI/SHUTTERSTOCK

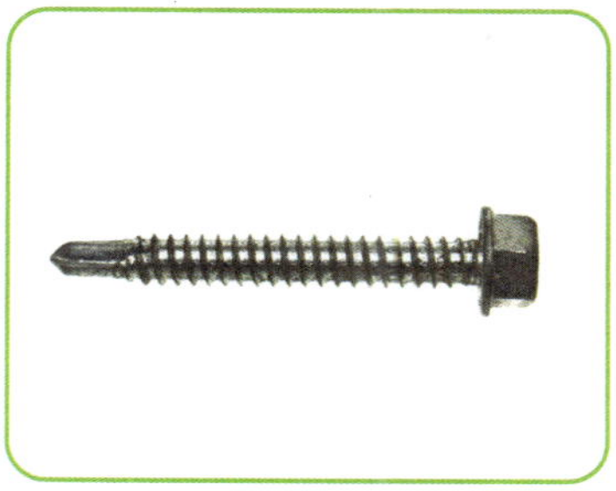

PALII OLEG/SHUTTERSTOCK

MAKS NARODENKO/SHUTTERSTOCK

WILLIAM POTTER/SHUTTERSTOCK

COBALT88/SHUTTERSTOCK

VECTORSUN/SHUTTERSTOCK

- Agora, separe as palavras que você escreveu em:

S com som de Z	S com som de S

6. Faça a divisão silábica das palavras da atividade anterior. Lembre-se de que as letras **SS** estão juntas na palavra, mas devem ficar em sílabas diferentes. Veja o exemplo.

a) pêssego: pês-se-go

b) besouro: ______

c) parafuso: ______

d) casa: ______

e) dinossauro: ______

f) girassol: ______

7. Adivinhe a resposta das charadas. **Atenção:** todas as respostas têm a letra **S** em alguma sílaba.

a) Conjunto de sete dias: ______

b) Número depois do dois: ______

c) Todo pássaro tem: ______

d) Tenho penas e posso voar: ______

8. Descubra qual letra completa as palavras abaixo: **S** ou **SS**?

____ acola	va ____ oura	trave ____ eiro
mú ____ ica	a ____ inatura	vi ____ ita
óculo ____	____ egredo	ca ____ a

VAMOS ESCREVER!

O poema que você vai ler é uma poesia visual. Sua imagem e a disposição das palavras possibilitam múltiplas leituras.

- Reescreva no caderno este poema visual utilizando somente as palavras. Você verá que é possível brincar com as letras!

BAHIA, Fábio. *Poema concreto*.
Disponível em: https://www.facebook.com/poema.concreto/.
Acesso em: 16 fev. 2022.

DIÁRIO DE BORDO

Nestas atividades, você aprendeu:

- o gênero poema;
- o uso das letras **S** e **SS**;
- o poema visual.

SEQUÊNCIA 7

VAMOS CONVERSAR!

Leia as quadrinhas em voz alta.

Batatinha quando nasce
Espalha a rama pelo chão.
Menininha quando dorme
Põe a mão no coração.

Cultura popular.

Sou pequenininha
Do tamanho de um botão,
Carrego papai no bolso
E mamãe no coração.

Cultura popular.

A casinha da vovó
Cercadinha de cipó
O café está demorando
Com certeza não tem pó.

Cultura popular.

1. Quantas estrofes há em cada quadrinha? ☐

2. E cada estrofe tem quantos versos? ☐

A quadrinha recebe esse nome por ser formada de **quatro versos** com rimas. Ela é muito usada em provérbios populares, cantigas, adivinhas, desafios, e conhecida como **quarteto**.

3. Leia esta cantiga muito conhecida, formada de quadrinhas.

Caranguejo não é peixe,
Caranguejo peixe é.
Caranguejo só é peixe
Na enchente da maré.

Palma, palma, palma,
Pé, pé, pé,
Roda, roda, roda,
Caranguejo peixe é.

Cultura popular.

- Você conhece outras quadrinhas? Se não conhecer, pergunte a um familiar de qual quadrinha ele se recorda e escreva-a nas linhas a seguir.

____

____

____

____

____

____

VAMOS ENTENDER!

1. Leia as palavras a seguir, em voz alta.

quatro | caranguejo

a) Ao ler a palavra **quatro**, você pronunciou todas as letras?

☐ Sim. ☐ Não.

b) Ao ler a palavra **caranguejo**, você pronunciou todas as letras?

☐ Sim. ☐ Não.

2. Em algumas palavras formadas com as sílabas **GUE** e **GUI**, não pronunciamos a letra **U**. Observe.

guerreiro | guirlanda | caranguejo

- Transforme as palavras do quadro a seguir em novas palavras, incluindo a sílaba **GUEI** nelas. Siga o exemplo.

figo	**figueira**
manga	______________
manteiga	______________
gago	______________
fogo	______________
açougue	______________

3. Observe as imagens e descubra cinco palavras com **GU**.

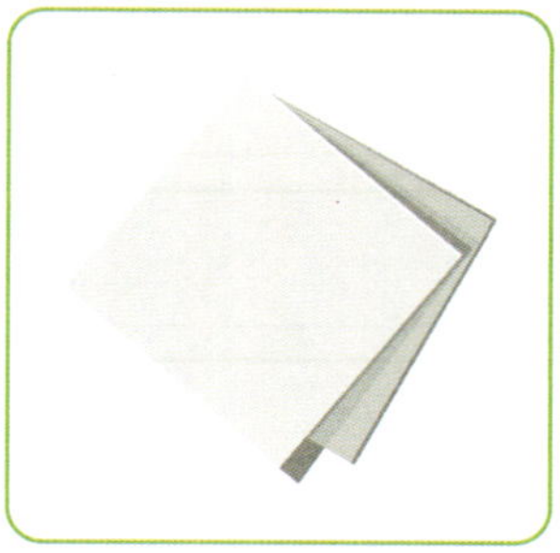
NIKAVERO/SHUTTERSTOCK

ROBLES DESIGNERY/SHUTTERSTOCK

SOKOLOVA JULY/SHUTTERSTOCK

______________________ ______________________ ______________________

PRINTABLESPLAZZA/SHUTTERSTOCK

TEGUH MUJIONO/SHUTTERSTOCK

______________________ ______________________

4. Procure no diagrama palavras escritas com **QU**.

Q	U	A	D	R	A	D	O	D	E
C	Q	U	E	I	J	O	U	Q	M
V	F	R	T	Y	U	I	P	U	C
B	M	N	Q	U	I	N	D	I	M
Q	U	A	R	T	O	K	I	A	U
M	O	Q	U	E	I	X	O	B	P
J	Q	U	I	N	T	A	L	O	A
U	S	R	T	Y	U	I	O	P	B

5. Pesquise e escreva três palavras com **GU** e três com **QU**.

GU	____________________
	____________________
	____________________

QU	____________________
	____________________
	____________________

6. Marque um **X** nas palavras em que a letra **U** é pronunciada.

- [ ] guarnição
- [ ] guitarra
- [ ] foguete
- [ ] água
- [ ] águia
- [ ] guarda
- [ ] preguiça
- [ ] jegue

7. Separe as sílabas das palavras da atividade anterior. Observe o exemplo.

a) guarnição: guar-ni-ção

b) guitarra: ________________

c) foguete: ________________

d) água: ________________

e) águia: ________________

f) guarda: ________________

g) preguiça: ________________

h) jegue: ________________

8. Na separação das sílabas, o **G** ficou junto ou separado do **U**?

____

____

VAMOS ESCREVER!

- Reescreva a quadrinha a seguir no espaço ao lado e depois faça um desenho bem bonito para ilustrá-la.

Dedo mindinho,
Seu-vizinho,
Pai de todos,
Fura-bolo
E mata-piolho

DIÁRIO DE BORDO

Nestas atividades, você aprendeu mais sobre:

- o gênero quadrinhas;
- o uso das letras **GU** e **QU**.

SEQUÊNCIA 8

VAMOS CONVERSAR!

Descubra algumas curiosidades incríveis sobre o melhor amigo do homem. Acompanhe a leitura do professor.

[...]

2. Para que eles giram em torno de si mesmos antes de deitar?

Eles herdaram esse hábito dos seus ancestrais: os lobos. Eles faziam isso na natureza para afofar o mato e para evitar que algo no chão pudesse machucá-los. Muitos anos se passaram, mas os cães continuam com esse hábito.

3. Por que abanam o rabo?

Para demonstrar algumas emoções como alegria, tristeza ou medo. Existem estudos que dizem que quando o cachorro abana o rabo para a direita é felicidade e quando abanam para a esquerda é tristeza. Mas uma coisa é certa: quando colocam o rabo entre as pernas é porque estão com medo! Eles também abanam o rabo para espalhar feromônios – hormônios usados pelos bichos para a comunicação.

4. Por que o nariz deles está sempre molhado?

Porque eles se comunicam através do olfato – que é muito mais desenvolvido do que o nosso – e a umidade ajuda no faro, facilitando o contato com o odor, além de remover os últimos cheiros para que os próximos sejam reconhecidos!

[...]

6. Por que eles estão sempre com a língua para fora?

É um jeito que eles têm de resfriar o corpo. Os cães transpiram pela boca e quando estão com calor ficam com a língua para fora para diminuir a temperatura do corpo – eles respiram o ar frio e colocam para fora o ar quente e úmido.

7. É verdade que eles não enxergam cores?

Não! Eles conseguem enxergar algumas cores, como o vermelho, o verde, o azul, o amarelo. Mas não conseguem distinguir tons. Por exemplo, eles não conseguem diferenciar o verde-claro do verde-escuro.

[...]

8 curiosidades sobre os cães que você não sabia. *Recreio UOL*, 6 ago. 2021. Disponível em: https://recreio.uol.com.br/pets/10-curiosidades-incriveis-sobre-os-caes.phtml. Acesso em: 15 mar. 2022.

SUSAN SCHMITZ/SHUTTERSTOCK

1. Quando o cachorro abana o rabo, pode ser uma demonstração de alegria ou, ao contrário, de:

☐ felicidade. ☐ amor. ☐ tristeza.

2. Os cachorros conseguem enxergar algumas cores, como o vermelho, o verde, o azul e o amarelo, mas não conseguem distinguir tons. Procure no texto um exemplo de cores que os cachorros não conseguem diferenciar.

____

____

Curiosidades são um gênero informativo que se caracteriza por apresentar uma informação inesperada, incomum ou surpreendente sobre determinado assunto, de forma simples e clara.

VAMOS ENTENDER!

1. Observe as palavras destacadas no trecho a seguir.

> [...] Existem estudos que dizem que quando o cachorro abana o rabo para a **direita** é felicidade e quando abanam para a **esquerda** é tristeza. [...]

a) Essas palavras têm sentido igual ou oposto?

☐ Igual. ☐ Oposto.

b) Que palavra tem sentido oposto a **felicidade**?

☐ Alegria. ☐ Tristeza.

> As palavras com sentido oposto entre si são chamadas de **antônimos**.

2. Combine as letras do quadro e descubra o antônimo das palavras. Veja o modelo.

dentro	r a f o	fora
grosso	i n f o	________
curto	p o m c o r i d	________
claro	o r e s c u	________
alto	x o i b a	________
subindo	e s n d c e o d	________

3. Substitua as palavras em destaque pelos seus antônimos.

a) 

MARKMOKMOON/SHUTTERSTOCK

sopa **quente** – sopa ________________

b) 

YULLISHI/SHUTTERSTOCK

livro **fino** – livro ________________

c) 

KASTOLUZA/SHUTTERSTOCK

cachorro **bravo** – cachorro ________________

d) 

BUS109/SHUTTERSTOCK

pipoca **salgada** – pipoca ________________

4. Complete as palavras com **in** ou **im** e forme novos antônimos.

a) ________ possível
b) ________ feliz
c) ________ prudente
d) ________ coerente
e) ________ capaz
f) ________ visível

5. No texto de abertura, você descobriu que o nariz dos cães está sempre molhado, pois eles se comunicam pelo olfato. A umidade do nariz auxilia o faro, "facilitando o contato com o odor, além de remover os últimos cheiros para que os próximos sejam reconhecidos".
Observe as palavras **odor** e **cheiro**. Elas têm:

☐ o mesmo sentido.
☐ sentido contrário.

As palavras que têm o mesmo sentido, ou sentido muito próximo, são chamadas de **sinônimos**.

6. Escolha uma das opções dos parênteses e responda corretamente.

a) Antônimo de alto: ____________________. (baixo / pequeno)
b) Sinônimo de gostoso: ____________________. (amargo / delicioso)
c) Antônimo de dia: ____________________. (manhã / noite)
d) Antônimo de alegre: ____________________. (triste / feliz)
e) Sinônimo de distante: ____________________. (perto / longe)

VAMOS ESCREVER!

Você viu muitas curiosidades sobre os cachorros. O que mais você sabe sobre os animais?

- Escolha dois animais das imagens e escreva, no caderno, duas curiosidades sobre eles.

LARA ZANARINI/SHUTTERSTOCK

Elefante.

PEDRO HELDER PINHEIRO/SHUTTERSTOCK

Onça-pintada.

PIERRE ADEN/SHUTTERSTOCK

Gato.

IRINA NO/SHUTTERSTOCK

Golfinho.

DIÁRIO DE BORDO

Nesta atividade, você:

- aprendeu sobre o gênero curiosidade;
- conheceu palavras sinônimas, ou seja, que têm o mesmo sentido;
- identificou os antônimos de algumas palavras, que indicam sentido contrário, incluindo o uso do prefixo de negação **in-/-im**.

SEQUÊNCIA 9

VAMOS CONVERSAR!

Leia a parlenda em voz alta.

Cadê o toucinho que estava aqui?

Cadê o toucinho que estava aqui?
O gato comeu.
Cadê o gato?
Foi para o mato.
Cadê o mato?
Pegou fogo.
Cadê o fogo?
A água apagou.
Cadê a água?
O boi bebeu.
Cadê o boi?
Foi amassar o trigo.
Cadê o trigo?
A galinha espalhou.
Cadê a galinha?
Foi botar ovo.

Cadê o ovo?
O padre comeu.
Cadê o padre?
Foi rezar a missa.
Cadê a missa?
Está no altar.
Cadê o altar?
Está na igreja.
Cadê a igreja?
Fica por aqui, por aqui, por aqui.

Cultura popular.

1. Circule, na parlenda, os animais que são citados nela.
2. Qual alimento dá início à parlenda? Responda oralmente.
3. Pergunte a um adulto de sua família de quais parlendas ele se recorda e escreva o título delas.

____

____

____

Parlendas são versos simples, repetitivos e com rimas. São textos divertidos e de fácil memorização que fazem parte da cultura popular.

VAMOS ENTENDER!

1. Vamos formar novas palavras? Troque a letra **D** pela letra **T** e escreva a nova palavra.

quando	________
dia	________
lenda	________

venda	________
gado	________
dedo	________

2. Observe as imagens. No quadro a seguir, escreva, na coluna correta, as palavras que nomeiam cada objeto representado nas imagens.

LA1N/SHUTTERSTOCK

VECTORPIXELSTAR/SHUTTERSTOCK

PATTERN_REPEAT/SHUTTERSTOCK

MRGRAPHICS/SHUTTERSTOCK

PHOTOSTOCKIMAGE/SHUTTERSTOCK

LUCIANO COSMO/SHUTTERSTOCK

DRICAL/SHUTTERSTOCK

Palavras escritas com B	Palavras escritas com P
____________	____________
____________	____________
____________	____________
____________	____________

3. Complete as palavras com as letras **F** ou **V**. Fique atento para não se confundir!

___ antasia	___ erde	___ iagem
___ aca	___ ada	___ ara
___ eitiço	___ ácil	___ aso
___ assoura	___ isita	___ oca

4. Marque um **X** nas palavras escritas corretamente.

☐	pola	☐	bola
☐	beriquito	☐	periquito
☐	boneca	☐	poneca
☐	pipa	☐	bipa
☐	pandeiro	☐	bandeiro
☐	bomba	☐	pomba

5. Escreva o nome das figuras.

KLYAKSUN/SHUTTERSTOCK

____

REALVECTOR/SHUTTERSTOCK

____

JOSEPPERIANES/SHUTTERSTOCK

____

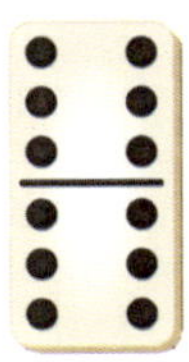
KANAN SHABANOV/SHUTTERSTOCK

____

JAVVANI/SHUTTERSTOCK

____

LA GORDA/SHUTTERSTOCK

VECTORSMARKET/SHUTTERSTOCK

ORIENTAL/SHUTTERSTOCK

6. **Desafio!** Observe as imagens e preencha a cruzadinha corretamente. **Atenção**: a primeira letra já está no lugar certo.

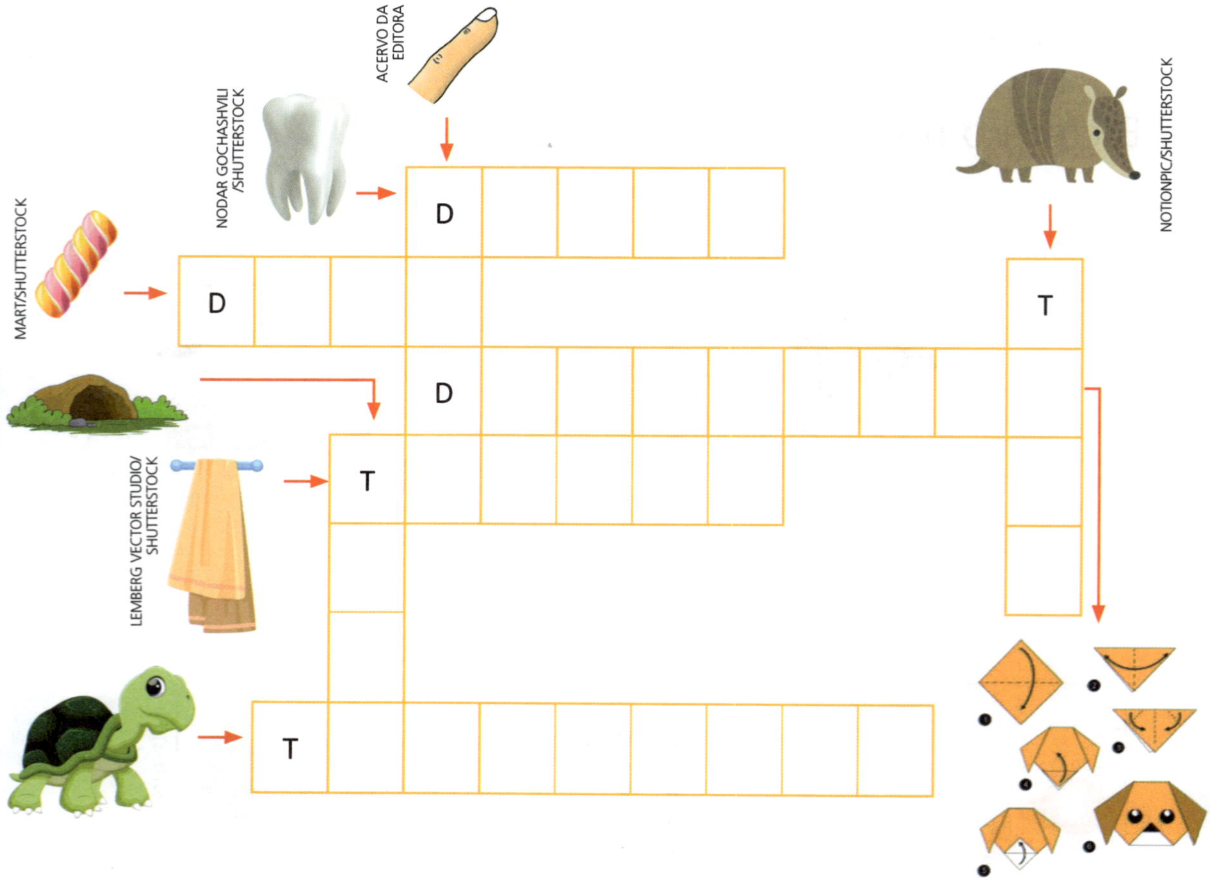

ACERVO DA EDITORA; NODAR GOCHASHVILI/SHUTTERSTOCK; MART/SHUTTERSTOCK; ACERVO DA EDITORA; LEMBERG VECTOR STUDIO/SHUTTERSTOCK; MUHAMMAD DESTA LAKSANA/SHUTTERSTOCK; NOTIONPIC/SHUTTERSTOCK; TOFANG/SHUTTERSTOCK

- As palavras da cruzadinha começam com quais letras?

VAMOS ESCREVER!

1. Substitua as imagens por palavras e descubra qual é a parlenda.

A  STOCKPHOTO MANIA/ SHUTTERSTOCK choca ______________________

comeu a  KZWW/SHUTTERSTOCK e saiu pulando ______________________

feito  NESSIS/SHUTTERSTOCK ______________________

2. Escreva a parlenda completa.

____

____

____

____

DIÁRIO DE BORDO

Nestas atividades, você aprendeu sobre:

- o gênero parlenda;
- as letras **F** e **V, T** e **D**, **P** e **B**, que têm sons parecidos, mas são diferentes no uso e na formação de palavras.

SEQUÊNCIA 10

VAMOS CONVERSAR!

Com o professor, leia a fábula.

A rã e o touro

Um grande touro passeava pela margem de um riacho. A rã ficou com muita inveja de seu tamanho e de sua força. Então, começou a inchar, fazendo enorme esforço, para tentar ficar tão grande quanto o touro. Perguntou às companheiras do riacho se estava do tamanho do touro. Elas responderam que não. A rã tornou a inchar e inchar, mas, ainda assim, não alcançou o tamanho do touro. Pela terceira vez, a rã tentou inchar. Mas fez isso com tanta força que acabou explodindo, por culpa de tanta inveja.

ESOPO. *A rã e o touro*. Disponível em: http://www.dominiopublico.gov.br/download/texto/me001614.pdf. Acesso em: 15 mar. 2022.

1. Quais personagens estão presentes na fábula da página anterior?

☐ Pessoas. ☐ Animais.

2. Relacione os personagens às suas características físicas.

rã	grande
touro	pequena

3. O que a diferença física entre o touro e a rã causou?

☐ Agradecimento. ☐ Inveja. ☐ Alegria.

4. Responda:

a) Por que a rã inchou tanto?

____

____

b) Quantas vezes a rã inchou?

☐ Uma vez. ☐ Duas vezes. ☐ Três vezes.

c) O que aconteceu com a rã após inchar pela terceira vez?

____

Fábula é um gênero muito antigo e popular. Quase sempre apresenta uma moral, um ensinamento, uma orientação ou uma advertência. Na fábula, os personagens criados são animais ou plantas que se comportam como se fossem seres humanos.

VAMOS ENTENDER!

1. Leia a palavra em voz alta.

rã

- Qual é a vogal da palavra? ______________ .

Observe que a vogal **a** recebe um sinal chamado de **til**, que altera seu som.

~

2. Agora leia essas palavras.

mão   cão   limão

O **til** é um sinal usado sobre as vogais **A** e **O** para indicar som nasal.

- Você conhece outras palavras escritas com o **til** sobre as vogais **A** ou **O**? Escreva-as a seguir.

______________________   ______________________

______________________   ______________________

______________________   ______________________

______________________   ______________________

______________________   ______________________

______________________   ______________________

3. No diagrama, encontre palavras terminadas em **ÃO** e **Ã**. Depois, escreva-as nos quadros.

M	Ã	O	V	U	I	O	J	H	F
S	D	G	P	Ã	O	T	J	E	W
A	T	U	M	V	F	C	Ã	O	I
M	A	M	Ã	O	U	Y	T	R	E
A	E	R	I	R	M	Ã	P	I	O
B	K	L	I	Y	I	R	O	M	Ã
M	A	Ç	Ã	P	O	I	H	B	V
P	N	B	N	H	R	Ã	U	I	A

PALAVRAS TERMINADAS EM **ÃO**

____

____

____

PALAVRAS TERMINADAS EM **Ã**

____

____

____

4. Leia as palavras do quadro e aplique o **til** onde há som nasal.

fogao	aviao	algodao	mao
campo	mae	melao	pimentao
colcha	botao	samba	colchao
calçao	coraçao	anao	balao

5. Ligue e forme palavras.

manh	ã
hortel	ão
bot	ã
fog	ão
bal	ão

6. O que é, o que é? Se precisar, observe as respostas nas imagens.

Fruta vermelha
De bom paladar,
Se for de cor verde,
Também pode provar!

____

RESTYLER/SHUTTERSTOCK

Eu ajudo a curar,
Mas mesmo doente
Ninguém quer me usar.

____

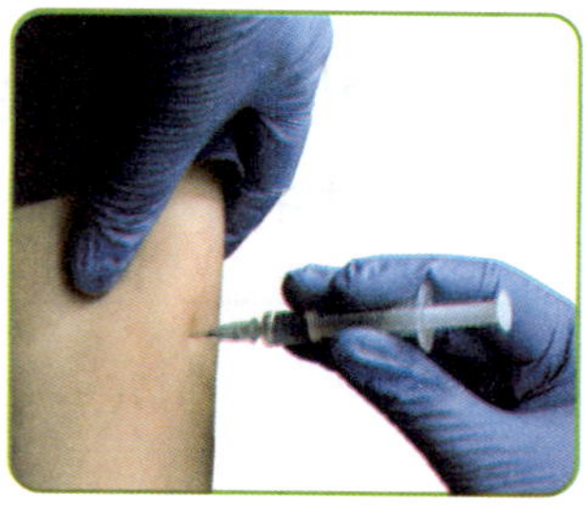

SHUTTERSTOCK/VIACHESLAV LOPATIN

Enche uma casa completa,
Mas não enche uma mão.
Amarrado pelas costas,
Entra e sai sem ter portão.

____

ELENA09/SHUTTERSTOCK

Todas as mães têm.
Sem ele não tem pão.
Some no inverno,
aparece no verão.

____

ALLUVION STOCK/SHUTTERSTOCK

7. Agora que você está craque nas palavras, adivinhe as respostas, preenchendo o diagrama.

a) Onde se joga futebol.

b) O mesmo que queda.

c) Usamos para fechar a panela.

d) É uma ave símbolo da paz.

8. Complete as palavras com a letra **M**. Depois, leia-as em voz alta.

to ____ bo	te ____ po	po ____ ba
ca ____ po	ba ____ bu	ga ____ bá
bu ____ bo	co ____ putador	chu ____ bo

9. Agora, complete as palavras com a letra **N**. Depois, leia-as em voz alta.

ti ____ ta	fu ____ do	mun ____ do
ma ____ ta	fra ____ go	tro ____ co
fu ____ go	ca ____ to	po ____ to

Observe que as consoantes **M** e **N** em final de sílaba dão som nasal à vogal, assim como o sinal **til**.

Desse modo, podemos concluir que:

- antes de **P** e **B**, usa-se **M**;
- para as outras letras, usa-se **N**.

10. Pinte de amarelo as palavras em que as vogais acompanhadas de **M** e **N** têm som nasal.

anjo	ombro	grampo	cinto
cama	branco	nabo	lâmpada
canjica	pequeno	bomba	maçaneta
tempo	tampa	pomba	tinta

VAMOS ESCREVER!

- Com os colegas, leia a fábula a seguir. Depois, no caderno, criem uma moral para ela e façam um desenho para ilustrá-la.

A formiga e a pomba

Uma formiga sedenta chegou à margem do rio para beber água. Para alcançar a água, precisou descer por uma folha de grama. Ao fazer isso, escorregou e caiu dentro da correnteza.

Pousada numa árvore próxima, uma pomba viu a formiga em perigo. Rapidamente, arrancou uma folha de árvore e jogou dentro do rio, perto da formiga, que pôde subir nela e flutuar até a margem.

Logo que alcançou a terra, a formiga viu um caçador de pássaros, que se escondia atrás de uma árvore, com uma rede nas mãos. Vendo que a pomba corria perigo, correu até o caçador e mordeu-lhe o calcanhar. A dor fez o caçador largar a rede, e a pomba fugiu para um ramo mais alto. [...]

ESOPO. *A formiga e a pomba*. Disponível em: http://www.dominiopublico.gov.br/download/texto/me001614.pdf. Acesso em: 16 mar. 2022.

DIÁRIO DE BORDO

Nestas atividades, você aprendeu mais sobre:

- o gênero fábula, sua estrutura e a moral da história;
- o uso da marca de nasalidade **til**;
- o som nasal produzido pelas vogais acompanhadas em final de sílaba das letras **M** e **N**.
- o uso de **M** antes de **P** e **B**.

SEQUÊNCIA 11

VAMOS CONVERSAR!

Leia a sinopse a seguir.

Terra de cabinha

Pequeno inventário da vida de meninos e meninas do sertão

Gabriela Romeu

Cabra da peste, cabrinha, cabinha. Assim é conhecida a criança que vive no Cariri, um sertão verde, quase um oásis, em meio ao semiárido brasileiro, que cobre quatro Estados do nordeste: Ceará, Pernambuco, Piauí e Paraíba. Terra das pinturas rupestres, do Padre Cícero, do poeta Patativa de Assaré, lugar em que menino vira rei, caça jumento e foge de encantados, o Cariri se destaca, na extensa pesquisa sobre a infância conduzida por Gabriela Romeu em todo o Brasil, como um delicado relicário: um lugar em que o brincar traz muitos

DIVULGAÇÃO/PEIRÓPOLIS

outros sentidos que podem passar desapercebidos para muita criança e gente grande da cidade.

[...]

Traz histórias, causos, brincadeiras, receitas, versos e adivinhas. Aqui você ouve a voz do cabinha, dos mestres e contadores de histórias, e também da pesquisadora visitante, que registrou num caderninho as coisas mais interessantes a respeito de como vivem aqueles meninos e meninas para quem o mundo é feito de castelos, árvore é brinquedo e assombração existe, sim, senhor. Como lembra a autora, trata-se de um livro para se ler de dia, reler de noite – ou vice-versa – e recontar pra quem quiser.

ROMEU, Gabriela. *Terra de cabinha*. Pequeno inventário da vida de meninos e meninas do sertão. Disponível em: https://www.editorapeiropolis.com.br/produto/terra-de-cabinha/. Acesso em: 16 set. 2021.

Você acabou de ler a sinopse do livro *Terra de cabinha*. Nela, são apresentados os principais aspectos da obra.

1. Identifique o tema principal da história e o local onde ela ocorre.

____

____

____

2. O que mais podemos encontrar no livro?

____

____

3. O que mais chamou sua atenção na descrição da história?

____

____

4. Você costuma ler livros? Se sim, costuma ler as sinopses para escolhê-los? Por quê?

____

____

A **sinopse** é um gênero que apresenta uma descrição breve de um filme, de um livro ou de uma peça de teatro, por exemplo. O texto descreve o objeto que está sendo apresentado (os personagens, onde se passa a história etc.) e tem a finalidade de fazer com que as pessoas se interessem por ele.

VAMOS ENTENDER!

Você leu e descobriu que a história *Terra de cabinha* é um pequeno inventário. Inventário significa listar bens, organizar posses. No caso do livro, inventário quer dizer o conjunto das lembranças e memórias de quem escreveu a obra.

Leia, em voz alta, a palavra **inventário**. Você deve ter percebido que a sílaba **tá** tem som aberto e recebe **acento agudo**.

Utilizamos o acento agudo sobre as vogais das sílabas tônicas e nas vogais **a**, **e**, **o** para indicar som aberto. Exemplos:

picolé	história	rúcula

Já a palavra **infância** tem som mais fechado quando pronunciamos a sílaba **fân**, o que faz com que ela receba o **acento circunflexo**.

O acento circunflexo é utilizado sobre as vogais **a**, **e**, **o** das sílabas tônicas para indicar som fechado. Exemplos:

vovô	você	crochê

1. Circule a sílaba das palavras que recebem acento.

história	água	céu	crochê
cachê	anfíbio	camelô	mamíferos
pêssego	vovó	capô	bambolê

2. Agora, separe essas palavras em:

Acento agudo	Acento circunflexo
______________	______________
______________	______________
______________	______________
______________	______________
______________	______________
______________	______________

3. Você conhece o jogo dos sete erros? Encontre no quadro sete palavras que recebem acento agudo, mas não estão acentuadas.

fuba	caderno	sopa	bussola	cadeira
bicicleta	poeta	passaro	oculos	
dente	plastico	telefone	relogio	
parabens	visitante	livro	madeira	
cesta	maçaneta	comercial		

4. Escreva e acentue corretamente as palavras que você encontrou.

________________ ________________

________________ ________________

________________ ________________

________________ ________________

5. Agora que você já sabe que as palavras que recebem o acento circunflexo indicam som fechado, pinte a única nuvem em que **todas** as palavras recebem esse acento.

voce
pure
croche
bambole

arvore
judo
vassoura
bale

6. Releia em voz alta todas as palavras da atividade anterior e acentue-as corretamente.

7. Circule no diagrama as palavras que recebem acento agudo. **Dica:** todas as palavras acentuadas são nomes de alimentos e bebidas.

V	F	U	B	A	T	Y	G	U	A	R	A	N	A
C	A	F	E	S	E	M	Z	T	B	S	L	U	V
L	A	R	A	N	J	O	I	J	I	L	O	H	Q
Q	E	S	M	A	R	A	C	U	J	A	D	G	W

8. Das palavras escritas em cada bloco, apenas uma não está acentuada corretamente. Circule a palavra e, depois, reescreva-a, acentuando-a da maneira correta.

família vovô único tunél

____

você purê mêtro judô

____

VAMOS ESCREVER!

Se você fosse indicar um livro ou um filme a alguém, precisaria escolher um de que gostou muito e pensar nos argumentos para convencer a pessoa a ler o livro ou assistir ao filme.

1. Que livro ou filme você deseja indicar?

____

2. No caderno, escreva três qualidades importantes que devem ser mencionadas sobre o livro ou o filme.

DIÁRIO DE BORDO

Nestas atividades, você aprendeu sobre:

- o gênero sinopse e sua importância para conhecermos livros, filmes, peças teatrais, *shows* etc;
- o uso dos acentos agudo e circunflexo e o som que eles representam nas palavras (aberto e fechado).

SEQUÊNCIA 12

VAMOS CONVERSAR!

Acompanhe a leitura do professor.

Floresta, 1º de abril de 1000.

Querido diário,

Tenho algo maravilhoso para lhe contar!

Hoje foi um dia especial, inesquecível.

Acertei a receita da Vovó Xereta e fiz a primeira poção mágica.

A receita pedia os seguintes **ingredientes**:

- 2 cachos de cabelo roxo
- 2 listras da zebra
- 1 asa de barata
- 1 pitada de oxigênio
- 1 piscada na hora exata da mistura

Modo de preparo:

Em uma bacia de inox, misture todos os ingredientes.

Mexa 3 vezes.

Pronto!

Agora...

Experimente a poção pingando três gotinhas em uma lagartixa. E a bichinha ficará invisível!

Deu certo a minha poção mágica, pois, em um piscar de olhos, a lagartixa desapareceu, então ficou invisível com a minha fórmula maravilhosa.

Amanhã farei novas experiências com essa fórmula.

Até amanhã, querido diário.

Assinado,

Bruxinha.

Texto elaborado para fins didáticos.

O gênero **diário** é um texto em que uma pessoa escreve sobre suas ideias, seus sentimentos, suas ações, seus desejos, suas emoções e os acontecimentos do seu dia a dia. Ele funciona como um amigo, com quem podemos conversar diariamente e desabafar.

1. Na leitura do texto, percebemos que a narradora estabelece uma conversa. Com quem ela está dialogando? Marque um **X** na alternativa correta.

- [ ] Com sua avó.
- [ ] Com o diário.
- [ ] Com uma amiga de infância.

2. O nome **diário** significa "que se faz ou acontece todos os dias". Qual é o tempo da escrita do diário?

☐ Ontem. ☐ Amanhã. ☐ Hoje.

3. No diário, relatamos experiências que aconteceram conosco. Qual é a experiência relatada no texto?

☐ Uma viagem com a família.

☐ A elaboração de uma receita da avó.

☐ Uma festa de aniversário.

VAMOS ENTENDER!

1. A letra **X** representa diferentes fonemas, ou seja, diferentes sons. Em várias palavras, o **X** pode ser lido com som de **CH**, **Z** e **CS**. Leia, em voz alta, algumas palavras da receita da Bruxinha.

roxo | oxigênio | exata

2. As sílabas com a letra **X** que você pronunciou têm o mesmo som? Responda oralmente.

3. Escreva três palavras que você conhece com a letra **X**.

____

4. Nas três palavras que você escreveu, o som do **X** é pronunciado da mesma forma?

☐ Sim. ☐ Não.

5. Como você percebeu, a letra **X** pode representar diferentes sons. Leia, em voz alta, as palavras do quadro.

exato	xadrez	boxe	exército
exemplo	tóxico	caixa	reflexo
bruxa	lixo	executivo	conexão
exercício	peixe	xarope	
axila	exame	anexo	

- Classifique o som que o **X** representa em cada palavra.

X com som de CH

____
____
____
____
____
____

X com som de Z

____
____
____
____
____
____

X com som de CS

____
____
____
____
____
____

Desafio! Nomeie as imagens a seguir. Mas atenção! Há palavras com **CH** e **X** com som de **CH**. Fique esperto!

KUZNETSOVA DARJA/SHUTTERSTOCK

SOFIAV/SHUTTERSTOCK

SARAWUT ST/SHUTTERSTOCK

OLIGO22/SHUTTERSTOCK

YUKI.MIZUKI/SHUTTERSTOCK

GOODSTUDIO/SHUTTERSTOCK

RUBYNURBAIDI/SHUTTERSTOCK

ILLUSTRATOR096/SHUTTERSTOCK

LIUDMILA SEMKINA/SHUTTERSTOCK

JEMASTOCK/SHUTTERSTOCK

6. Complete as palavras com a letra que está faltando.

bru ____ a	li ____ eira
tá ____ i	ro ____ o
abaca ____ i	cai ____ a
____ arope	e ____ emplo
a ____ ila	____ ale

7. O **X** é uma letra cheia de surpresas! Como você aprendeu, ele pode representar sons diferentes. Circule as palavras em que o **X** tem som de **CS**.

lixa	ameixa	anexo	exato	graxa
chapéu	conexão	durex	lagartixa	
lixeira	pirex	peixe	flexível	caixa

8. Agora é com você! Mostre que sabe tudo sobre a letra **X** e seus sons. Escreva uma frase com:

a) uma palavra que tenha a letra **X** com som de **CH**.

____

b) uma palavra que tenha a letra **X** com som de **Z**.

____

c) uma palavra que tenha a letra **X** com som de **CS**.

____

VAMOS ESCREVER!

- Como foi seu dia hoje? Vamos registrar no diário? Ele se chamará **O X da questão**.
  Escolha o que aconteceu de mais interessante no seu dia e registre em uma página do seu novo companheiro: o diário.

DIÁRIO DE BORDO

Nestas atividades, você aprendeu sobre:

- o gênero diário e suas características;
- os diversos sons da letra **X**.

SEQUÊNCIA 13

VAMOS CONVERSAR!

Acompanhe a leitura que seu professor vai fazer de uma entrevista.

Entrevista com Paulo Moura

Como você teve a ideia para este seu novo livro, em formato *e-book*, "Os sonhos da Zebra"?

As pessoas trocam de roupa de acordo com cada ocasião. Fiquei com dó da zebra e achei que ela poderia sair um pouco das suas manchas (que, aliás, são lindas). Assim, queria saber como ela se sentiria explorando seus outros possíveis dons.

Como começa? Dê uma canjinha pra gente.

Começa com a dúvida da zebra, se ela é branca com listras pretas ou se ela é preta com listras brancas. E a partir daí ela passa a sonhar com outras listras que gostaria de "vestir".

[...]

Qual é a sua fonte de inspiração?

Escrevo muitos textos sobre os animais – são fascinantes. Mas escrevo sobre vários assuntos. Quando algo interessante me chama a atenção, logo penso que pode se transformar em um novo livro. Em breve será editado um livro em que falo dos outros significados que as palavras podem ter e se chamará "Não confunda...". Aguardem.

[...]

Entrevista com Paulo Moura. *Divertudo*, fev. 2016.
Disponível em: https://www.divertudo.com.br/entrevistas/entrevista24.html.
Acesso em: 17 mar. 2022.

A **entrevista** é um gênero que tem como objetivo informar algo a alguém. Trata-se de um diálogo presente nos meios de comunicação, como jornais, revistas, internet, televisão, rádio, entre outros. A entrevista também pode fazer parte de outros textos jornalísticos, como a notícia e a reportagem.

1. Na entrevista, o escritor comenta que os animais são fascinantes. Qual animal é o personagem principal do livro que ele escreveu?

☐ Tamanduá. ☐ Leão. ☐ Zebra.

2. Qual aspecto do animal retratado mais chamou a atenção do autor?

____

____

3. Quantas pessoas, no mínimo, devem participar de uma entrevista?

☐ 1 ☐ 2 ☐ 3

VAMOS ENTENDER!

1. Leia com atenção o trecho a seguir e sublinhe o nome das pessoas.

> Paulo Moura é autor de mais de duzentos livros, muitos deles ilustrados por artistas importantes, como Moacir Rodrigues, Luis Podavin, Eduardo Vetillo, Napoleão Figueiredo e Eli Leon.

Observe que todos os nomes que você sublinhou são escritos com a **primeira letra** sempre em **maiúscula**.

Seu nome também se escreve com letra maiúscula, sabe por quê? Porque **nomes próprios** são escritos com letra maiúscula, assim como **nome de países**, **cidades**, **lugares**.

> As palavras que nomeiam algo são chamadas de **substantivos**. Os substantivos são classificados como **próprios** ou **comuns**.
>
> **Paulo** é substantivo próprio, pois dá nome a uma pessoa. Já a palavra **livro** é substantivo comum, pois estamos falando de qualquer livro.

Outra dica: não se esqueça de que iniciamos a escrita de uma frase sempre com letra maiúscula!

2. Relacione o quadro de baixo à explicação correta, no quadro de cima, para o uso de letra inicial maiúscula.

1	É o nome de uma pessoa.
2	É o nome de um livro.
3	É o nome de uma cidade.
4	É o início de uma frase.

______	*O Menino Maluquinho*.
______	A zebra ganhou roupa nova.
______	Rio de Janeiro.
______	Ana Maria Machado.
______	*O pequeno príncipe*.
______	Salvador.
______	Ziraldo.
______	Os animais da fauna brasileira são personagens do livro que estamos escrevendo.
______	*Bruxa Onilda*.
______	São Paulo.
______	Monteiro Lobato.

3. Complete a coluna com um substantivo comum que corresponda ao substantivo próprio. Veja o exemplo.

Nomes próprios	Nomes comuns
Meu malvado favorito	filme
Harry Potter e a pedra filosofal	______________________
Amazonas	______________________
Cuiabá	______________________
D. Pedro I	______________________

4. Escreva nomes de pessoas, objetos ou animais que você conhece, classificando-os em substantivos próprios e comuns.

Substantivos próprios	Substantivos comuns
______________________	______________________
______________________	______________________
______________________	______________________
______________________	______________________
______________________	______________________
______________________	______________________
______________________	______________________
______________________	______________________
______________________	______________________

5. Construa frases com as palavras a seguir. Veja o exemplo.

a) lousa (minúscula): A professora escreveu a lição na lousa.

b) você (minúscula): ______________________________

____

c) ontem (minúscula): ______________________________

____

d) ela (maiúscula): ______________________________

____

e) recife (maiúscula): ______________________________

____

6. Reescreva as frases a seguir aplicando corretamente as letras maiúsculas e minúsculas.

a) maria não Gosta de muito Barulho.

____

b) Hoje vou Tomar Banho de Mar.

____

c) No rio de janeiro, há praias muito Bonitas, como a de copacabana.

____

____

d) a vacinação é importante para Garantir a Saúde Pública.

____

____

VAMOS ESCREVER!

1. Que tal entrevistar uma pessoa conhecida? Para começar, escreva o nome da pessoa que você quer entrevistar.

____

2. O que você gostaria de saber sobre essa pessoa? Escreva quatro perguntas para fazer a ela.

____
____
____
____
____
____
____
____
____
____

DIÁRIO DE BORDO

Nestas atividades, você aprendeu sobre:

- o gênero entrevista;
- o uso da letra maiúscula em substantivos próprios;
- os substantivos, que são palavras que têm como objetivo nomear pessoas, lugares, objetos etc.;
- a classificação dos substantivos em próprios e comuns.

SEQUÊNCIA 14

VAMOS CONVERSAR!

Acompanhe a leitura do professor.

Livro mata curiosidade com respostas que nem o Google tem

Marcella Franco

Você já quis saber por que o Incrível Hulk é verde, ou onde o Super-Homem guarda a roupa depois de se trocar na cabine telefônica? E já sonhou descobrir quanto mede o pescoço de uma girafa, ou quanto pesa uma mosca?

Se você respondeu sim a essas perguntas, parabéns, você é uma pessoa curiosa. Esta é uma qualidade importante dos seres humanos, já que por causa dela é possível aprender mais e melhor sobre tudo que existe no universo.

O jornalista e escritor Marcelo Duarte tem 56 anos e conta que foi uma criança curiosa. [...]

COLORFUEL STUDIO/SHUTTERSTOCK

Marcelo lembra que era muito "perguntador". "Eu perguntava o porquê disso, o porquê daquilo, e tinha compulsão por leitura.

[...]

Tanta vontade de entender as coisas transformou Marcelo no curioso mais famoso do Brasil. Há 25 anos, ele publicou um livro chamado "O Guia dos Curiosos", em que reunia informações sobre temas variados, de interesse de crianças e adultos.

[...]

A ideia do novo guia é provocar nos leitores a reflexão de "nossa, por que não pensei nisso antes?". [...]

E, como uma palinha do que apresenta na publicação, o autor faz a cortesia de responder àquelas perguntas lá do início deste texto: o Super-Homem guarda a roupa comum na parte de dentro da sua capa, em um bolso secreto, e o Hulk é verde por um erro da gráfica na primeira impressão de suas histórias.

"Ele foi planejado para ser cinza, mas o criador do personagem, Stan Lee, acabou gostando do resultado e adotou o verde", escreve Marcelo.

FRANCO, Marcella. Livro mata a curiosidade com respostas que nem o Google tem. *Folha de S.Paulo*, 9 jul. 2021. Disponível em: https://www1.folha.uol.com.br/folhinha/2021/07/livro-mata-a-curiosidade-com-respostas-que-nem-o-google-tem.shtml?origin=folha. Acesso em: 18 set. 2021.

1. Escreva uma curiosidade sobre a qual deseja saber a resposta. Depois, compartilhe essa curiosidade com um adulto de sua família e escreva a resposta dele.

____

____

____

____

____

2. Marque um **X** nos assuntos que mais despertam seu interesse.

- [ ] Animais.
- [ ] *Videogame.*
- [ ] Super-heróis.
- [ ] Lugares.
- [ ] Brinquedos.
- [ ] Histórias.

A **notícia** é um gênero jornalístico informativo que tem como objetivo principal informar alguém sobre algo. Relata uma informação ou um acontecimento real, por isso é necessário descrever bem os fatos, explicando ao leitor onde tudo ocorreu, como, quando e por quê.

VAMOS ENTENDER!

1. Quem escreveu a notícia que você leu?

___

2. Qual é o tema principal da notícia?

___

___

___

___

3. O que Marcelo Duarte diz ter sido quando era criança?

___

___

4. O texto que você leu é contínuo, ou seja, as frases vão até o fim da linha?

☐ Sim. ☐ Não.

Quando escrevemos um texto, organizamos as palavras em frases, que representam o que queremos comunicar. Essas frases que vão até o fim de uma linha e continuam na linha seguinte formam os **parágrafos**, que servem para dividir e organizar o texto.

5. Quantos parágrafos há na notícia que você leu?

____

6. Vamos identificar frases em um parágrafo? No trecho a seguir, sublinhe cada frase de uma cor diferente. **Dica**: fique atento à pontuação!

"Você já quis saber por que o Incrível Hulk é verde, ou onde o Super-Homem guarda a roupa depois de se trocar na cabine telefônica? E já sonhou descobrir quanto mede o pescoço de uma girafa, ou quanto pesa uma mosca?"

7. Quantas frases você identificou no parágrafo?

☐ Uma. ☐ Três.

☐ Duas. ☐ Quatro.

8. Você sabia que é possível "ler" as imagens e imaginar a história? Observe as *Historinhas sem palavras* da Turma da Mônica e escreva uma história para as imagens.

SOUSA, Mauricio. Historinhas sem palavras. *Almanaque Historinhas sem palavras Turma da Mônica*.

- Organize a história nas linhas a seguir. Mas atenção!

  Não se esqueça de que cada frase se inicia com letra maiúscula e finaliza com um sinal de pontuação.

  Os parágrafos são formados por mais de uma frase, de acordo com o que queremos comunicar.

VAMOS ESCREVER!

- Agora é a sua vez de escrever uma notícia. Pense em algo que chamou sua atenção e merece ser conhecido por muitas pessoas. Siga os passos abaixo.

a) Escolha o tema da notícia.

b) Relate o que você conhece sobre o fato.

c) Deixe claro onde e quando aconteceu a história relatada.

d) Coloque seu nome como autor.

____

____

____

____

____

____

____

____

____

DIÁRIO DE BORDO

Nestas atividades, você aprendeu:

- sobre a organização de um texto em parágrafos;
- sobre a formação dos parágrafos: cada parágrafo é formado por frases, que comunicam uma ideia completa;
- que um texto pode ter vários parágrafos.

SEQUÊNCIA 15

VAMOS CONVERSAR!

Observe o cartão a seguir.

1. Responda.

a) Quando você faz aniversário? ______________________________

b) Quais presentes gostaria de ganhar?

____

2. Você já recebeu ou enviou algum cartão de aniversário?

☐ Sim. ☐ Não.

3. O que mais chamou sua atenção no cartão de aniversário da página anterior? Responda oralmente.

Cartão é um gênero textual utilizado para enviar mensagens curtas em ocasiões especiais ou datas comemorativas, como Natal, aniversário, Páscoa, Dia das Mães, Dia dos Pais etc.

Um cartão deve conter, principalmente:

- o nome da pessoa a quem será enviado, ou seja, o destinatário;
- uma mensagem curta;
- o nome de quem está enviando, ou seja, o remetente;
- a data.

4. Leia, em voz alta, a mensagem escrita no cartão de aniversário.

TACHYGLOSSUS/SHUTTERSTOCK

VAMOS ENTENDER! !!!

O cartão da página anterior foi escrito no dia 1º de agosto, no dia do aniversário da mãe de Ana Clara.

Agora, leia as palavras do quadro em voz alta e observe a grafia da palavra **agosto**.

agosto	giz
biscoito	paz
pastel	xadrez

As vogais podem ser seguidas das letras **S** ou **Z**, sem diferença de pronúncia.

1. Você conhece outras palavras escritas com vogais seguidas de **S** ou **Z**? Escreva-as nos espaços indicados.

PALAVRAS COM VOGAIS SEGUIDAS DE **S**

______________________ ______________________
______________________ ______________________
______________________ ______________________
______________________ ______________________

PALAVRAS COM VOGAIS SEGUIDAS DE **Z**

______________________ ______________________
______________________ ______________________
______________________ ______________________
______________________ ______________________

2. Você conhece estes animais? Escreva o nome deles.

RSOOL/SHUTTERSTOCK

____

ROBERT ROSS/SHUTTERSTOCK

____

ILKKA KOIVULA/SHUTTERSTOCK

____

NATALIA GOLOVINA/SHUTTERSTOCK

____

PAVEL KRASENSKY/SHUTTERSRTOCK

____

Desafio! Complete a cruzadinha com as palavras do quadro a seguir. Mas atenção! Nela já estão escritas as duas últimas letras de cada palavra.

paz • giz • arroz • feroz • nariz • rapaz
xadrez • beatriz • chafariz • avestruz

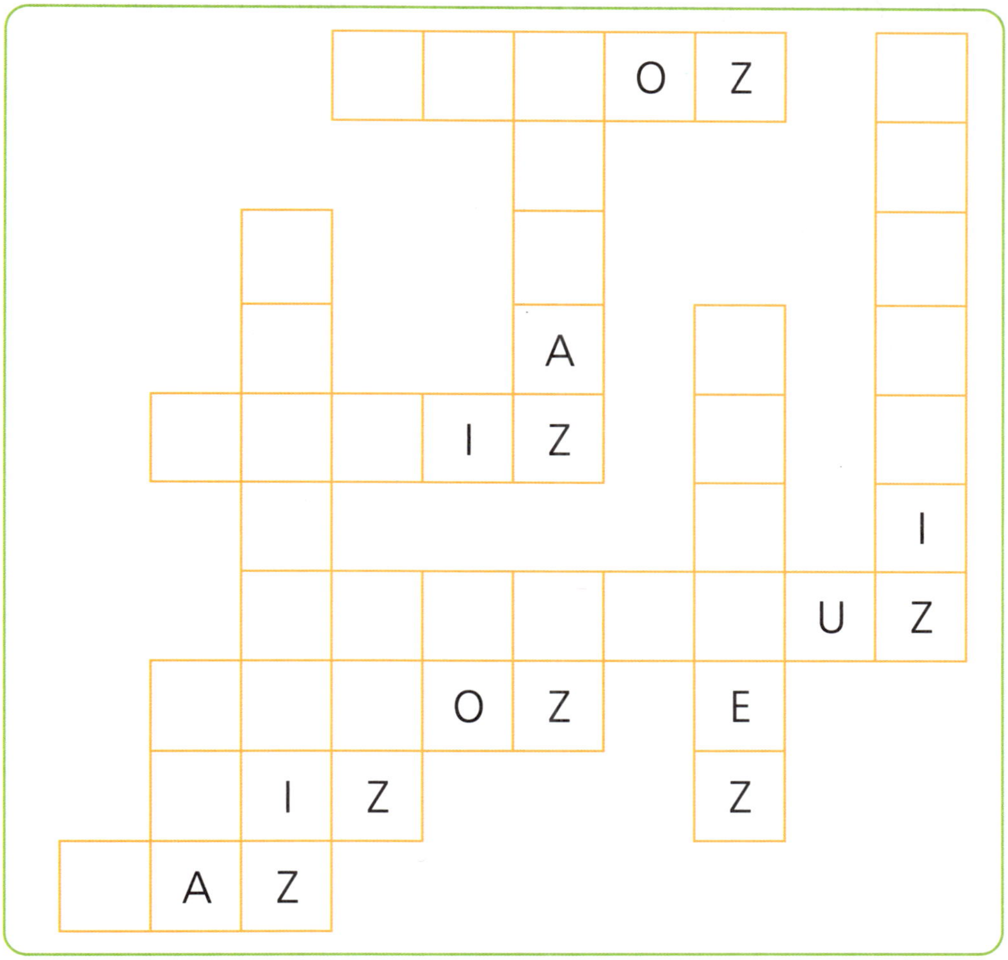

3. Complete as palavras com **AS**, **ES**, **IS**, **OS**, **US**.

- men ____
- hor ____
- do ____
- se ____
- s ______ to
- ____ cova
- v ____ tido
- c ____ telo
- m ____ quito

VAMOS ESCREVER!

- Escreva um cartão para uma pessoa de que você gosta. O tema será a importância da amizade. Faça um desenho bem bonito na capa, a primeira parte do cartão. Na segunda parte, ou seja, dentro do cartão, escreva sua mensagem.

1

2

SHMIZLA/SHUTTERSTOCK

DIÁRIO DE BORDO

Nestas atividades, você aprendeu sobre:

- o gênero cartão;
- o uso das vogais seguidas de **S** ou **Z**.

SEQUÊNCIA 16

VAMOS CONVERSAR!

Acompanhe a leitura do professor.

De: pedro@email.com.br
Para: lucas@email.com.br
Assunto: Volta às aulas

Olá, Lucas!

Td bem com vc? 🖐

Segunda-feira voltaremos às aulas e queria saber se vc pode levar sua bola de futebol para jogarmos uma partida na hora do recreio.

Antes das férias, a escola não estava emprestando nenhuma bola. ☹

Eles deixam usar somente nas aulas de Educação Física.

Espero vc para o primeiro dia de aula! 🖐

Abs.

Seu amigo,

Pedro

Enviar

1. Responda oralmente.

a) Você costuma escrever *e-mails*?

b) Quando você vai escrever um *e-mail*, que tipo de informações costuma colocar nele?

O ***e-mail***, ou **mensagem eletrônica**, é um gênero textual muito utilizado, cuja principal característica é permitir uma comunicação escrita rápida e eficiente entre interlocutores conectados à internet.

VAMOS ENTENDER!

1. Para que uma mensagem esteja escrita corretamente, precisamos prestar atenção na separação das palavras. Marque um **X** nas expressões que estão escritas da maneira correta.

Expressão	Certa	Errada
Oi, tudo bem?		
Bomdia!		
Olá! Como vocêestá?		
Um abraço!		
Beijos e atémais!		

- Escreva corretamente as expressões nas quais você identificou o erro.

2. As crianças da escola combinaram um código secreto para trocar *e-mails*: escrever todas as palavras grudadas umas nas outras. Veja.

> De:
>
> Para:
>
> Assunto:
>
> Oi,pessoal!Amanhã,naauladeEducaçãoFisíca,aturmadamanhã ficarácomagente,epenseiemfazermosumpiqueniquesurpresa norecreio.Oqueacham?Segostarem,levemumamerenda bemgostosaparadividircomeles.Atéamanhã.Luísa
>
> Enviar

- Reescreva o *e-mail* com a separação correta das palavras.

3. O *e-mail* que Laura escreveu para sua madrinha tem sete erros. Descubra quais são e escreva as palavras corretamente.

De:

Para:

Assunto:

Minha din dinha

Tudobem com você?

Este fim de semana eu consegui brincar com o presente que vocêmedeu de aniversário.

Eu, papai e mamãe fomos passear no parque da cidade, e lá dentro temumapista de *skate*. Euadorei o *skate* que você medeu, já consigo andar sem cair.

Umbeijo.

Laura

Enviar

1	
2	
3	
4	
5	
6	
7	

4. Vamos brincar de detetive? Encontre a pergunta correta para cada resposta. Para isso, pinte apenas os quadrinhos que formam a pergunta da charadinha.

A resposta é: **chuva**

O | que | é | o | que | é: | passa | diante | do | Sol | e | não | faz | sombra?

O | que | é | o | que | é: | cai | em | pé | e | corre | deitada?

A resposta é: **relógio**

O | que | é | o | que | é: | não | se | come, | mas | é | bom | para | comer?

O | que | é | o | que | é: | dá | muitas | voltas | e | não | sai | do | lugar?

VAMOS ESCREVER!

- Vamos escrever um *e-mail*?

  Você precisará preencher as informações a seguir. Capriche na mensagem!

De: ______________________________

Para: ______________________________

Assunto: ______________________________

____

____

____

____

____

____

____

____

Enviar

DIÁRIO DE BORDO

Nestas atividades, você aprendeu sobre:

- o gênero *e-mail*;
- a escrita das palavras e seu espaçamento nas frases.

SEQUÊNCIA 17

VAMOS CONVERSAR!

Leia o cartaz em voz alta.

PREFEITURA DE GOIÂNIA, GO

1. Como você e sua família organizam o lixo em casa?

____

____

____

2. Em seu bairro, há algum posto de coleta seletiva de lixo?

☐ Sim. ☐ Não.

3. Você e sua família produzem muito ou pouco lixo diariamente?

☐ Muito. ☐ Pouco.

4. Para diminuir a quantidade de lixo que produzimos, precisamos, por exemplo, consumir menos produtos que vêm em embalagens industriais.
Marque com um **X** as ações que você e sua família podem fazer para produzir menos lixo.

☐ Transportar as compras em sacolas reutilizáveis.

☐ Consumir produtos cujos fabricantes se preocupam com o meio ambiente.

☐ Evitar qualquer desperdício.

☐ Separar embalagens para a coleta seletiva.

A **campanha de conscientização** é um gênero textual que procura orientar a população ou esclarecer sobre algum problema social ou da comunidade e convencer a colaborar.

VAMOS ENTENDER! !!!

1. Leia o texto a seguir e observe as palavras destacadas.

Vamos cuidar de onde moramos?

O seu **lixinho** é seu!

Nada de **lixão** pelas ruas!

Organize seu **lixo** para a coleta seletiva.

- Complete.

  Para evidenciar que algo é pequeno, usamos o diminutivo:

  ____

  Para evidenciar que algo é grande, usamos o aumentativo:

  ____

2. Observe as imagens e escreva o nome do animal de acordo com o tamanho dele. Observe o exemplo.

ERIK LAM/SHUTTERSTOCK

ERIK LAM/SHUTTERSTOCK

ERIK LAM/SHUTTERSTOCK

Cachorro ______________ ______________

> As palavras que terminam em **-inho** ou **-zinho** indicam diminutivo; as palavras que terminam em **-ão** indicam aumentativo.

3. Escreva o diminutivo e o aumentativo das palavras a seguir.

	Diminutivo	**Aumentativo**
Gato	______________	______________
Carro	______________	______________
Cavalo	______________	______________
Tomate	______________	______________
Casa	______________	______________
Livro	______________	______________

4. Escreva o nome dos animais no diminutivo.

VANGERT/SHUTTERSTOCK

NERTHUZ/SHUTTERSTOCK

VLADIMIRKARP/SHUTTERSTOCK

VAMOS ESCREVER!

- Você leu o cartaz de uma campanha de coleta seletiva de lixo, mas nossa cidade tem muitos outros problemas para resolver. Por isso, vamos escrever campanhas e conscientizar as pessoas acerca da importância do papel de cada uma delas na resolução dos problemas.

Maus-tratos a animais

Desperdício de água

____

DIÁRIO DE BORDO

Nestas atividades, você aprendeu sobre:

- o gênero campanha de conscientização;
- o aumentativo e o diminutivo das palavras.

SEQUÊNCIA 18

VAMOS CONVERSAR!

Vamos construir um brinquedo?
Leia o manual de instruções a seguir e mão na massa!

Vai e vem

Materiais

- 2 garrafas PET
- tesoura com pontas arredondadas
- fita-crepe
- fitas adesivas coloridas
- barbante
- 2 pares de argolas

Recorte duas taças de duas garrafas PET.

Retire quatro argolas de 2 e 3 cm da região do rótulo.

Corte cada uma das taças, conforme imagem acima.

São moldes que se encaixam.

Passe fita-crepe para fixar ambas as partes.

Decore com fita adesiva colorida.

Amarre uma ponta do barbante em uma argola, passe a outra ponta por dentro do brinquedo e amarre do outro lado em outra argola. Faça isso com o outro par de argolas.

1. Responda oralmente:

a) No manual de instruções da página anterior, qual é o primeiro item necessário para montar o brinquedo?

b) A seguir, vêm as instruções. Que outro nome poderíamos dar a essa etapa?

c) Além do texto explicativo, que outro recurso o manual apresenta para facilitar a montagem do brinquedo?

O **manual de instruções** é um gênero cujo objetivo é ensinar a utilizar ou a montar alguma coisa, por exemplo, ensinar a jogar um jogo, a brincar com um brinquedo, a utilizar um equipamento eletrônico ou a construir um objeto.

VAMOS ENTENDER!

1. Leia em voz alta as palavras a seguir.

brinquedo | brinquedos

- O acréscimo da letra **S** ao final da palavra **brinquedo** indica:

☐ uma unidade. ☐ duas ou mais unidades.

Quando escrevemos uma palavra com a intenção de indicar apenas um elemento, escrevemos essa palavra no **singular**.

Se a intenção é demonstrar mais de um elemento, escrevemos a palavra no **plural**. No exemplo, **brinquedo** está no **singular**; já a palavra **brinquedos** está no **plural**.

2. Escreva o nome dos brinquedos no singular e no plural.

ACERVO DA EDITORA

Brinquedos	Singular	Plural

3. Escreva o nome dos alimentos. Veja o exemplo.

THE ART OF PICS/SHUTTERSTOCK

NATTIKA/SHUTTERSTOCK

ELENA ITSENKO/SHUTTERSTOCK

Tomate

____

____

PHOTO BARIS/SHUTTERSTOCK

VALKOINEN/SHUTTERSTOCK

ROMAN SAMOKHIN/ SHUTTERSTOCK

____

____

____

MAKS NARODENKO/ SHUTTERSTOCK

MAKS NARODENKO/ SHUTTERSTOCK

MATKUB2499/SHUTTERSTOCK

____

____

____

JIANG HONGYAN/SHUTTERSTOCK

JIANG HONGYAN/SHUTTERSTOCK

PHOTOONGRAPHY/SHUTTERSTOCK

____

____

____

4. Pinte, no diagrama, os quadrinhos que formam nomes de animais. Seu desafio é descobrir se o substantivo está no **singular** ou no **plural**. Depois, preencha o quadro de acordo com o solicitado.

B	O	R	B	O	L	E	T	A	S	V	G	U	S
A	S	E	E	L	E	F	A	N	T	E	I	S	R
T	B	N	H	Y	G	I	R	A	F	A	S	S	U
G	A	T	O	E	S	C	A	V	A	L	O	S	S
K	O	C	O	E	L	H	O	T	H	N	B	O	I
P	O	L	S	C	A	C	H	O	R	R	O	S	U

Singular	**Plural**
______________________	______________________
______________________	______________________
______________________	______________________
______________________	______________________

5. Escreva nomes de animais diferentes daqueles que você pintou no diagrama. Eles devem estar no singular e no plural.

____

VAMOS ESCREVER!

- Na seção **Vamos conversar!**, você aprendeu a montar um "Vai e vem". Agora, escreva o passo a passo de como brincar com ele. Não se esqueça de explicar:

a) quantas pessoas podem brincar;

b) qual é o tempo da brincadeira;

c) se existe alguma regra para brincar;

d) quem vence a brincadeira.

DIÁRIO DE BORDO

Nestas atividades, você aprendeu:

- o gênero manual de instruções;
- a flexionar as palavras em número: singular e plural.

SEQUÊNCIA 19

VAMOS CONVERSAR!

Leia a tirinha a seguir.

GOMES, Clara. *Bichinhos de jardim*.

1. Caramelo e Joana são alguns personagens da turma *Bichinhos de Jardim*. Na tirinha, Caramelo agradece a Joana por fazer companhia a ele em qual atividade?

☐ Corrida. ☐ Caminhada. ☐ Natação.

2. No segundo quadrinho, Joana responde a Caramelo com a expressão: "Fazer o quê?". Essa pergunta significa que:

- [ ] Joana pergunta a Caramelo o que ela tem de fazer.
- [ ] Joana quis dizer a Caramelo que não tinha outra opção.

3. A tirinha termina com Joana dizendo: "Olha, um banquinho!". Conclua:

- [ ] Joana só quer mostrar que ali tem um banquinho.
- [ ] Joana mostra o banquinho, pois tem a intenção de se sentar, porque não quer mais caminhar.

As **histórias em quadrinhos** (**HQs**) são narrativas divididas em quadros compostos de textos e imagens. Elas também utilizam palavras que procuram representar sons e ruídos, como PLOC! ZAP! POOF! Além disso, normalmente apresentam humor e são encontradas em jornais, revistas, *sites* e outros suportes.

VAMOS ENTENDER! !!!

1. Leia as frases da história em quadrinhos da seção anterior.

> Que bom que você veio nessa caminhada comigo, Joana!
> Fazer o quê?
> Tô muito sedentária, preciso de exercício.
> Olha, um banquinho!

- Observe que, ao final de cada frase, há um sinal de pontuação. Pinte de **amarelo** cada um deles.

O sinal (**!**) é chamado de **ponto de exclamação** e normalmente indica alegria, medo, surpresa ou susto.

Já o sinal (**?**) é chamado de **ponto de interrogação** e é utilizado quando o objetivo é fazer uma pergunta.

Quando queremos afirmar ou declarar algo, utilizamos, ao final da frase, o **ponto-final** (**.**).

2. Leia as frases a seguir em voz alta e responda oralmente às questões.

Vou caminhar hoje.
Vou caminhar hoje?
Vou caminhar hoje!

a) Quando você leu cada uma das frases, percebeu alguma mudança?

b) As três frases têm o mesmo sentido? Por quê?

3. Você conhece esses animais? Escreva o nome de cada um deles.

ALEKSANDAR DICKOV/SHUTTERSTOCK

____

IRIN-K/SHUTTERSTOCK

____

4. Leia as frases e aprenda mais sobre as joaninhas.

> Existem mais de 5 000 espécies de joaninhas.
> Nem todas as joaninhas são vermelhas com pintas pretas.
> Há joaninhas com pintas de outras cores.
> Algumas joaninhas são listradas e sem pintas.

- Nas frases acima, qual sinal de pontuação foi utilizado?

  ☐ Ponto de interrogação.
  ☐ Ponto-final.
  ☐ Ponto de exclamação.

5. Se você não soubesse dessas curiosidades sobre as joaninhas, como faria as perguntas para essas afirmações? Escreva cada pergunta nos espaços indicados, acrescentando ao final o ponto de interrogação.

____

____

____

____

6. Você sabia que existe um tipo de caramujo muito perigoso para nossa saúde? Leia o cartaz de campanha.

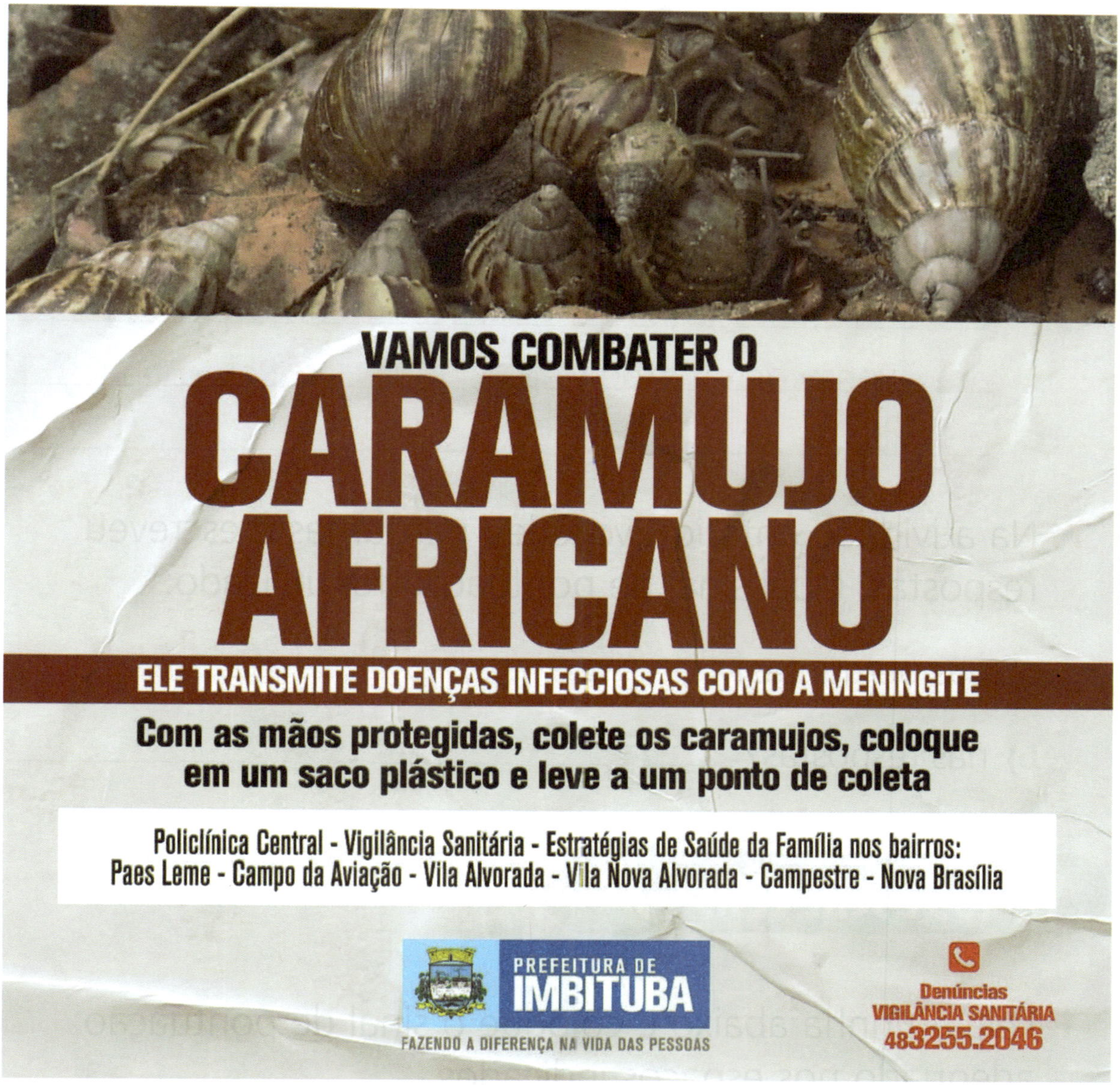

CAMPANHA DE COMBATE AO CARAMUJO AFRICANO. GOVERNO DO ESTADO DO MARANHÃO

CAMPANHA de combate ao caramujo africano. Secretaria de Estado de Meio Ambiente e Recursos Naturais, 9 mar. 2021. Disponível em: https://www.sema.ma.gov.br/p9664/. Acesso em: 20 set. 2021.

- Agora que você leu algumas informações sobre o caramujo africano, responda às questões a seguir.

a) Qual é o objetivo da campanha?

____

____

b) O que devemos fazer se encontrarmos um caramujo africano?

____

____

____

c) O caramujo africano transmite uma doença muito perigosa. Qual é essa doença?

____

____

____

7. Na atividade anterior, você leu perguntas e escreveu respostas. Qual sinal de pontuação foi utilizado:

a) nas perguntas? ______________________

b) nas respostas? ______________________

VAMOS ESCREVER!

1. Leia a tirinha abaixo e coloque o sinal de pontuação adequado nos espaços indicados.

PALEY, Nina. *Mimi* e *Eunice*.

2. Agora, você é o autor! Crie uma tirinha. Ilustre os personagens e elabore as falas. Lembre-se de fazer os balões de fala e utilizar a pontuação de maneira adequada.

DIÁRIO DE BORDO

Nestas atividades, você aprendeu sobre:

- história em quadrinhos;
- uso do ponto de exclamação, do ponto de interrogação e do ponto-final.

SEQUÊNCIA 20

VAMOS CONVERSAR!

Acompanhe a leitura do professor.

De olho nas notícias:
O que é preciso para ser jornalista?

Esses profissionais podem trabalhar em jornais, revistas, emissoras de TV e em locais que você nem imagina!

Letícia Yazbek. Publicado: quinta, 29 abril, 2021.

O jornalista é o profissional que produz as notícias veiculadas nos meios de comunicação. Ele investiga fatos, redige e edita reportagens, e faz entrevistas, sempre adaptando a abordagem para o público que será atingido. O jornalista deve explorar vários pontos de vista dentro dos temas e favorecer o debate público.

Ligado em tudo

Para ser jornalista, é preciso ser curioso, saber o que está acontecendo ao redor do mundo e gostar muito de ler e escrever.

É importante ter senso crítico, boa capacidade de expressão, domínio do português e de técnicas de redação. O jornalista deve ser responsável, ter postura ética e compromisso com a verdade.

[...]

Muitas opções!

O jornalista pode trabalhar em jornais, revistas, emissoras de rádio e de televisão, além de veículos *on-line*. A criação de conteúdo para a internet tem aberto muitas possibilidades para os jornalistas, que precisam aprender a linguagem da internet e das redes sociais. Portais, TVs por assinatura, produtoras de conteúdo audiovisual, assessorias de comunicação e comunicação corporativa oferecem muitas oportunidades.

[...]

YASBEK, Letícia. De olho nas notícias: o que é preciso para ser jornalista? *Recreio*, 29 abr. 2021. Disponível em: https://recreio.uol.com.br/noticias/escola/de-olho-nas-noticias-o-que-e-preciso-para-ser-jornalista.phtml. Acesso em: 20 set. 2021.

1. Responda:

a) O que é preciso para ser jornalista?

____

____

b) Em que locais o jornalista pode trabalhar?

____

____

____

A reportagem que você leu fala da profissão de jornalista. Há muitas profissões para escolher, mas o mais importante é você descobrir o que realmente gosta de fazer e que te deixa feliz.

Reportagem é um gênero textual jornalístico que tem por objetivo transmitir informações. Sua estrutura textual é mais detalhada, citando fontes, entrevistas e outras informações obtidas por meio de pesquisas.

VAMOS ENTENDER!

Leia este trecho:

> Para ser jornalista, é preciso ser **curioso**.

Na palavra **curioso**, há vogais que aparecem próximas umas das outras, como **io**. Nesse caso, temos o que se chama **encontro vocálico**.

1. Pinte, no quadro, somente as palavras que apresentam encontro vocálico.

rainha	bola	formiga	castelo
jardim	barraca	pião	casa
lua	tesouro	moeda	tatu
oito	leite	rua	marreco
baú	raiz	panela	floresta
robô	laranja	girafa	cenoura

2. Complete as palavras utilizando vogais. **Dica**: todas as palavras apresentam encontro vocálico.

band _____ ra	tes _____ ro	_____ to	l _____
bisc _____ to	cen _____ ra	r _____	c _____ le
c _____ ve	melanc _____	f _____ ra	l _____

3. Separe as sílabas das palavras e observe a posição dos encontros vocálicos. Marque um **X** se o encontro vocálico ficou na mesma sílaba ou em sílabas diferentes. Observe o modelo.

Palavra	Separação silábica	Encontro vocálico na mesma sílaba	Encontro vocálico em sílabas diferentes
rainha	ra-i-nha		X
poeta	____________		
aula	____________		
pai	____________		
couve	____________		
rua	____________		
joelho	____________		

- **Ditongo** é o nome dado ao encontro de duas vogais pronunciadas na mesma sílaba. Exemplos: céu, boi, couve, sítio.
- **Hiato** é o nome dado ao encontro de duas vogais pronunciadas em sílabas diferentes. Exemplos: voo, perdoo, seriado, Paraíba.
- **Tritongo** é o nome dado ao encontro de três vogais pronunciadas na mesma sílaba. Exemplos: Paraguai, iguais, quaisquer.

4. Escreva cada sílaba das palavras abaixo em um quadrinho. Depois, classifique os encontros vocálicos em **ditongo**, **hiato** ou **tritongo**. Observe o exemplo.

Palavra	Separação silábica				Classificação do encontro vocálico
saída	sa	í	da		hiato
caule	______	______	______	______	______________
violeta	______	______	______	______	______________
biscoito	______	______	______	______	______________
coração	______	______	______	______	______________
chão	______	______	______	______	______________
faísca	______	______	______	______	______________
leite	______	______	______	______	______________
lua	______	______	______	______	______________
lei	______	______	______	______	______________
Paraguai	______	______	______	______	______________

VAMOS ESCREVER!

- Agora, você será o jornalista! Escolha um tema que você ache interessante e escreva o roteiro para sua reportagem.

a) Título.

____

____

b) Assunto.

____

____

c) Objetivo.

____

____

d) Onde você vai pesquisar.

____

____

____

DIÁRIO DE BORDO

Nestas atividades, você aprendeu sobre:

- o gênero reportagem;
- o encontro vocálico e sua classificação em ditongo, hiato e tritongo.

SEQUÊNCIA 21

VAMOS CONVERSAR!

O texto que você vai ler agora faz parte da letra de uma canção.

Garibaldi foi à missa

Garibaldi foi à missa
A cavalo sem esporas
O cavalo tropeçou
Garibaldi pulou fora

E viva Garibaldi
E Vitor Manoel
Comendo macarrão
Embrulhado num papel

O Rivone foi à missa
Num cavalo de corrida
Disparou logo na frente
Caiu logo de saída
[...]

CAREQUINHA. *Garibaldi foi à missa*. Disponível em: https://www.letras.com.br/carequinha/garibaldi-foi-a-missa. Acesso em: 14 out. 2022.

1. De que fala a letra de canção *Garibaldi foi à missa*?

---

2. Como era o cavalo de Rivone?

___

3. O que aconteceu com Rivone?

___

A **canção** é uma composição musical para ser cantada. Além do som, ela tem uma letra (texto) que se caracteriza por uma linguagem mais poética. A letra de canção pode ter rimas ou não, e o ritmo torna a canção um gênero agradável à audição e estimula a empatia. Quem não sabe cantar uma canção?

VAMOS ENTENDER!

1. Qual é o título da canção de abertura da seção **Vamos conversar**?

___

___

2. Observe as expressões:

O cavalo tropeçou.
Um cavalo tropeçou.

a) Quando nos referimos a **o cavalo**, queremos indicar:

☐ um cavalo específico. ☐ um cavalo qualquer.

b) Quando dizemos **um cavalo**, queremos indicar:

☐ um cavalo específico. ☐ um cavalo qualquer.

O uso de **o**, **os**, **a**, **as**, **um**, **uns**, **uma**, **umas** depende do sentido que as palavras que eles acompanham têm na frase.

As palavras que acompanham o substantivo são chamadas de **artigo**. Os artigos podem indicar se as palavras estão no **singular** ou no **plural** e no **masculino** ou no **feminino**.

Os artigos são:

- o, a, os, as.
- um, uma, uns, umas.

3. Qual artigo dos quadrinhos abaixo completa melhor as frases?

a | um | uma | o

a) Qual é ________ animal de que você mais gosta?

b) Sou ________ menina mais alta da minha turma.

c) Estudo em ________ escola muito legal.

d) Ganhei ________ brinquedo de presente.

4. Observe o modelo e complete o quadro.

Singular	Plural	Singular	Plural
O cavalo	Os cavalos	Um cavaleiro	Uns cavaleiros
________	Os papéis	________	Uns macarrões
A corrida	________	Uma espora	________

5. Complete fazendo as alterações necessárias. Veja o modelo.

a) O professor : A professora.

b) Os colegas : ______________________.

c) O aluno : ______________________.

d) ____________ : A gata.

e) ____________ : As jovens.

6. Vamos rever alguns conteúdos? Separe as sílabas das palavras a seguir.

a) Manoel ______________________

b) Saída ______________________

c) Caiu ______________________

d) Disparou ______________________

e) Macarrão ______________________

7. Frases são a forma como as palavras se organizam para dar sentido ao que se quer dizer. Preste atenção nas frases a seguir: há algo errado com elas! Reescreva de modo que elas possam ser compreendidas.

a) frente logo disparou na.

____

b) corrida num de cavalo.

____

c) eu andar gosto cavalo a.

____

8. Na hora de escrever, Murilo se esqueceu de separar as palavras corretamente. Ajude Murilo na correção.

a) Minha irmã pass-
ou as férias na casa de ca-
mpo da vovó.

VLADISLAV KUDOYAROV/SHUTTERSTOCK

b) Ontem, as cr-
ianças se apresent-
aram no fest-
ival da escola.

SKKIF/SHUTTERSTOCK

c) Hoje, lá na montanha, o dia aman-
heceu ensolarado.

ACTIVELINES/SHUTTERSTOCK

9. Organize as frases a seguir e descubra qual parágrafo elas vão formar.

Consegui chegar cedo e ainda brincar um pouco antes da aula. Ontem, acordei cedo para não me atrasar para a escola. Amanhã, ah, amanhã é sábado, posso dormir até mais tarde! Hoje vou fazer o mesmo e ainda levar a bola comigo.

COLORFUEL STUDIO/SHUTTERSTOCK

VAMOS ESCREVER!

- Imagine que você acabou de andar a cavalo. Escreva uma pequena carta para o animal agradecendo o passeio com ele. Seja criativo.

ICONIC BEASTIARY/SHUTTERSTOCK

Vamos começar, e você continua.

Olá, seu cavalo...

DIÁRIO DE BORDO

Nestas atividades, você aprendeu sobre:

- a letra de canção;
- o uso dos artigos no singular, no plural, no masculino e no feminino.

ALFABETO

ANEL

A a

A a

BOCA

B b

B b

CORAÇÃO

C c

C c

DADO

D d

D d

ESPELHO

E e

E e

FORMIGA

F f

F f

GIRASSOL

G g

G g

HARPA

H h

H h

ILHA

I i

I i

JANGADA

J j

J j

KIWI

K k

K k

LARANJA

L l

L l

MILHO

M m

M m

NARIZ

N n

N n

OURO

O o

O o

PORTA

P p

P p

QUIABO

Q q

Q q

ROSA

R r

R r

SOL

S s

S s

TELHA

T t

T t

URUBU

U u

U u

VENTILADOR

V v

V v

WI-FI

W w

W w

XADREZ

X x

X x

YAKISOBA

Y y

Y y

ZÍPER

Z z

Z z